Es gibt keinen Hund. Das futuristische Theater

Frühe Texte der Moderne
Herausgegeben von Jörg Drews,
Hartmut Geerken und Klaus Ramm

Es gibt keinen Hund

Das futuristische Theater
61 theatralische Synthesen von F. T. Marinetti
und Aschieri, Balla, Boccioni, Buzzi, Calderone,
Cangiullo, Carli, Chiti, Corra, Depero, Dessy,
Fillia, Folgore, Ginna, Govoni, Janelli, Nanetti,
Pratella, Rognoni, Settimelli, Soggetti und Vasari
und 4 Manifeste

Aus dem Italienischen übersetzt und
herausgegeben von Brigitte Landes

edition text + kritik

Wir danken der Italienischen Botschaft in Bonn und dem Istituto Italiano di Cultura in München für die freundliche Unterstützung dieses Bandes.

CIP-Titelaufnahme der Deutschen Bibliothek

Es gibt keinen Hund: das futuristische Theater; 61 theatralische Synthesen / von F.T. Marinetti u. Aschieri ... Aus d. Ital./übers. u. hrsg. von Brigitte Landes. – München: edition text + kritik, 1989
   (Frühe Texte der Moderne)
   ISBN: 3-88377-304-2
NE: Marinetti, Filippo T. [Mitverf.]; Landes, Brigitte [Hrsg.]

Satz, Druck und Buchbinder: Schoder Druck, Gersthofen
Umschlag-Entwurf: Dieter Vollendorf unter Verwendung einer Illustration von Umberto Boccioni: »Una serata futurista a Milano« (1911)
© edition text + kritik GmbH, München 1989
ISBN 3-88377-304-2

Manifest der
futuristischen Bühnendichter

Warum die dramatische Kunst nicht so weiterbestehen kann wie bisher: sie ist ein klägliches industrielles Produkt, untergeordnet dem Unterhaltungsmarkt und den bürgerlichen Vergnügungen, muß von allen schmutzigen Vorurteilen gereinigt werden, die die Autoren, die Schauspieler und das Publikum erdrücken.

1. Wir Futuristen fordern von den Autoren vor allem die VERACHTUNG DES PUBLIKUMS und besonders die Verachtung des Premierenpublikums, dessen Psychologie wir folgendermaßen zusammenfassen können: Wettbewerb der Hüte und der weiblichen Garderobe, – Stolz auf einen teuer bezahlten Platz, der in intellektuellem Hochmut verwandelt wird, – Parterre und Logen von satten und reichen Menschen besetzt, deren naturgemäß hochmütiges Hirn und deren rege Verdauungstätigkeit jede geistige Anstrengung verhindern.

2. Wir fordern dagegen den ABSCHEU VOR DEM UNMITTELBAREN ERFOLG, der die mediokren und banalen Werke krönt. Die theatralischen Arbeiten, die alle Individuen des Publikums direkt, ohne Vermittlung, ohne Erklärung verstehen, sind mehr oder weniger gut gebaute Stücke, denen aber jede Neuerung und daher jede kreative Genialität absolut fehlt.

3. Die Autoren dürfen keine andere Absicht verfolgen als die einer ABSOLUTEN ERNEUERNDEN ORIGINALITÄT. Alle dramatischen Arbeiten, die sich an Gemeinplätzen orientieren oder ihre Konzeption aus anderen Kunstwerken beziehen, sei es Handlung oder Teil ihres Ablaufes, sind absolut zu verachten.

4. Die LEITMOTIVE der Liebe und der ehebrecherischen Dreiecksverhältnisse, die lange genug in der Literatur strapaziert worden sind, müssen auf der Bühne als Episoden und Nebensachen zweitrangig werden, das heißt dieselbe Bedeutung bekommen, wie die Liebe sie schon im Leben einnimmt infolge der großen futuristischen Kraft.

5. Weil die dramatische Kunst, wie alle anderen Künste, kein anderes Ziel haben kann, als die Seele des Publikums der niedrigen alltäglichen Wirklichkeit zu entreißen und sie in eine Atmosphäre

grellen intellektuellen Rausches zu schleudern, verachten wir alle die Werke, die nur nach Mitgefühl und Tränen heischen mit diesem unvermeidlich rührenden Stück, in dem einer Mutter der Sohn stirbt, oder jenem, in dem ein Mädchen seinen Geliebten nicht heiraten kann, und ähnliche Abgeschmacktheiten...

6. Wir verachten in der Kunst, und besonders im Theater, SÄMTLICHE ARTEN HISTORISCHER REKONSTRUKTIONEN ... Das moderne Drama muß einen Teil des großen futuristischen Traumes widerspiegeln, der unserem heutigen Leben entspringt, angespornt von der Geschwindigkeit von Erde, Wasser oder Luft, und beherrscht wird vom Dampf und von der Elektrizität.
Es ist nötig, die Herrschaft der Maschine im Theater einzuführen, die großen Schauer, von denen die Menge geschüttelt wird, die neuen Ideenströmungen und die großen Entdeckungen der Wissenschaft, die unsere Sensibilität und das Denken der Menschen im zwanzigsten Jahrhundert vollkommen verändert haben.

7. Die dramatische Kunst darf keine psychologischen Photographien geben, sondern sie muß im Gegenteil nach einer SYNTHESE DES LEBENS IN SEINEN TYPISCHEN UND SIGNIFIKANTEN ERSCHEINUNGEN suchen.

8. Die dramatische Kunst darf nicht ohne Poesie sein, das heißt nicht ohne Rausch und ohne Synthesen. Die regulären prosodischen Formen müssen ausgeschlossen werden. Der futuristische Schriftsteller benutzt deshalb den FREIEN VERS: eine mobile Orchestrierung von Bildern und Klängen...

9. Es ist nötig, unter den Literaten die Sucht nach Reichtum zu zerstören, weil die Gier nach Geld dem Theater Schriftsteller zugetrieben hat, die nur die Qualität von Romanschreibern oder Journalisten haben.

10. Wir wollen die Schauspieler absolut der Autorität der Schriftsteller unterwerfen und sie der Herrschaft eines Publikums entreißen, das sie fatalerweise nur dazu veranlaßt, sich mit tiefschürfenden Interpretationen einen leichten Erfolg zu verschaffen. Dafür müs-

sen wir die groteske Gewohnheit zu applaudieren oder zu pfeifen abschaffen, weil das vielleicht ein Barometer für die parlamentarische Eloquenz sein kann, aber in keinem Fall ein Maß für ein Kunstwerk.

11. Wir fordern endlich von den Autoren und den Schauspielern die LUST, AUSGEPFIFFEN zu werden.

Nicht alles, was ausgepfiffen wird, ist notwendigerweise gut oder neu. Aber alles, was unmittelbar beklatscht wird, liegt in keinem Fall über dem Mittelmaß an Intelligenz und ist deshalb eine MEDIOKRE ANGELEGENHEIT, BANAL, WIEDERGEKÄUT ODER ZU GUT VERDAUT!

Marinetti
(11. Januar 1911)

51 Synthesen

SIMULTANEITÄT

Salon. – Die rechte Wand besteht aus einem großen Bücherregal. – Zur Linken ein großer Tisch. – An der linken Wand einfache Möbel und eine Tür. – An der hinteren Wand ein Fenster, durch das man es draußen schneien sieht, und eine andere Tür, die sich zur Treppe hin öffnet.
Um den Tisch herum, unter einer Lampe mit Lampenschirm in dämmrigem, leicht grünlichem Licht, sitzt die Familie des Angestellten: DIE MUTTER *näht,* DER VATER *liest Zeitung,* DER SECHZEHNJÄHRIGE SOHN *macht Schularbeiten,* DER SOHN VON 10 JAHREN *macht auch Schularbeiten,* DIE FÜNFZEHNJÄHRIGE TOCHTER *näht.*
Ganz nah an der Bibliothek ein prächtiger Schminktisch, hell erleuchtet mit Spiegeln und Kandelabern, voller Fläschchen und Tiegel und sämtlicher Utensilien, die eine äußerst feine Dame braucht. Ein besonders intensiver Scheinwerfer leuchtet den Schminktisch aus; an ihm sitzt eine junge KOKOTTE, *sehr schön, blond, in einem luxuriösen Morgenmantel. Sie hat aufgehört, sich zu kämmen und beginnt, Gesicht, Armen und Händen die letzten Tupfer zu geben, aufmerksam assistiert von einer strengen* KAMMERZOFE *in aufrechter Haltung.*
Die Familie sieht diese Szene nicht.
DIE MUTTER *zum* VATER: Willst du die Rechnungen überprüfen?
DER VATER: Das schau ich mir später an. *Er liest weiter.*
Stille. – Alle gehen mit Selbstverständlichkeit ihren Beschäftigungen nach. DIE KOKOTTE *macht sich weiter zurecht, unsichtbar für die Familie.*
DIE KAMMERZOFE *geht zur hinteren Tür, als hätte sie es klingeln gehört, und öffnet einem* BOTEN, *der der* KOKOTTE *einen Blumenstrauß und einen Brief überreicht.* DIE KOKOTTE *riecht an den Blumen und liest den Brief. –* DER BOTE *geht respektvoll grüßend ab.*
DER SECHZEHNJÄHRIGE *unterbricht seine Arbeit und schaut zum Fenster hinaus:* Es schneit immer noch ... Was für eine Stille!
DER VATER: Dieses Haus liegt wirklich sehr einsam. Wir ziehen nächstes Jahr um ...

DIE KAMMERZOFE *geht wieder zur hinteren Tür, als hätte es nochmals geklingelt, und läßt eine junge* MODISTIN *herein, die auf sie zugeht und so tut, als trüge sie in ihrem leeren Karton einen wunderschönen Hut.* DIE KOKOTTE *tut so, als probiere sie den Hut vor dem Spiegel auf, wird ärgerlich, weil er ihr nicht gefällt, und legt ihn beiseite. Dann gibt sie dem Mädchen Trinkgeld und fordert es mit einem Wink auf, zu gehen. Das Mädchen geht grüßend ab.*
DIE MUTTER *scheint etwas auf dem Tisch zu suchen, steht plötzlich auf und geht zur linken Tür hinaus, als wollte sie etwas holen.*
DER VATER *erhebt sich und geht zum Fenster. Er bleibt vor dem Fenster stehen und schaut hinaus.*
Nach und nach schlafen die drei Kinder am Tisch ein.
DIE KOKOTTE *verläßt ihren Schminktisch und nähert sich langsam, mit vorsichtigen Schritten dem Tisch. Sie nimmt die Rechnungen, die Hefte und Handarbeiten und wirft alles achtlos unter den Tisch.*
DIE KOKOTTE: Schlaft!
Sie geht langsam zum Schminktisch zurück und lackiert sich weiter ihre Fingernägel.

Marinetti

SIE KOMMEN
Ein Objektdrama

Herrenzimmer. – Abend. – Großer erleuchteter Kronleuchter. – Eine geöffnete Verandatür (hinten links), die in den Garten führt. – Entlang der linken Wand, ein bißchen von ihr entfernt, ein großer rechtwinkliger Tisch mit Tischtuch. – Entlang der rechten Wand (in der eine Tür ist) ein sehr großer hoher Lehnstuhl, zu dessen Seiten acht Stühle aufgereiht stehen, vier rechts und vier links.
Durch die linke Tür treten der HAUSHOFMEISTER *und* ZWEI DIENER *im Frack ein.*
DER HAUSHOFMEISTER: Sie kommen. Trefft die Vorbereitungen. *Ab.*
DIE DIENER *stellen in großer Eile die acht Stühle in Hufeisenform neben dem Sessel auf, der wie der Tisch an derselben Stelle bleibt. Sobald sie damit fertig sind, gehen sie zur Tür, um zu schauen, mit dem Rücken zum Publikum. Ein langer Moment des Wartens.* DER HAUSHOFMEISTER *kommt wieder, atemlos.*
DER HAUSHOFMEISTER: Gegenbefehl. Sie sind sehr müde ... viele Kissen, viele Schemel ... *Ab.*
DIE DIENER *gehen zur rechten Tür hinaus und kommen mit Kissen und Schemeln beladen zurück. – Dann nehmen sie den Lehnstuhl, setzen ihn in die Mitte des Raumes, stellen die Stühle (vier auf jeder Seite) mit den Rücklehnen zum Lehnstuhl auf. Dann legen sie auf jeden Stuhl und auf den Lehnstuhl Kissen und stellen vor jeden Stuhl einen Hocker, auch vor den Lehnstuhl.*
DIE DIENER *gehen wieder zur Verandatür und schauen. Ein langer Moment des Wartens.*
DER HAUSHOFMEISTER *kommt keuchend aus dem Garten:* Gegenbefehl. Sie haben Hunger. Deckt auf! *Ab.*
DIE DIENER *tragen den Tisch in die Mitte des Raumes, stellen die Stühle um ihn herum und den Lehnstuhl an den Kopf des Tisches. Dann decken sie den Tisch, indem sie sehr rasch zur rechten Tür herein- und herauslaufen. An einen Platz: eine Blumenvase; an einen anderen: viel Brot; an einen anderen: acht Flaschen Wein. An die anderen Plätze: nur die Bestecke. –*

Ein Stuhl wird an den Tisch gelehnt, mit den hinteren Stuhlbeinen in die Höhe, wie man es in Restaurants macht, um einen Platz besetzt zu halten. – Wenn sie fertig sind, gehen DIE DIENER *wieder nach draußen, um zu schauen. – Ein langer Moment des Wartens.*
DER HAUSHOFMEISTER *kommt angerannt:* Briccatirakamékamé! *Ab. Sofort stellen* DIE DIENER *den Tisch wieder zurück (er bleibt gedeckt), dahin, wo er gestanden hat, als der Vorhang aufging. Dann stellen sie den Lehnstuhl schräg vor die Verandatür und hinter dem Lehnstuhl stellen sie die acht Stühle hintereinander in einer Reihe quer über die Bühne auf. – Danach löschen sie das Licht des Kronleuchters. Die Szene bleibt durch den Mondschein, der durch die Verandatür fällt, matt erleuchtet.*
DIE DIENER, *zusammengekauert in einer Ecke, erwarten zitternd, mit offensichtlicher Angst, daß die Stühle den Saal verlassen.*

Marinetti

DIE GRUNDLAGEN

Der schwarzumsäumte Vorhang darf nur bis zur Kniehöhe eines Menschen hochgezogen werden. Das Publikum sieht nur die Beine in Aktion.
Die Schauspieler müssen versuchen, den Haltungen und Bewegungen ihrer Extremitäten den höchsten Ausdruck zu verleihen.

1
ZWEI SESSEL
einer dem andern gegenüber
JÜNGLING   DAME
ER: Alles, alles für einen Kuß von Ihnen! ...
SIE: Nein! ... Sprechen Sie nicht so mit mir! ...

2
EIN MANN RENNT VOR UND ZURÜCK:
Bedenken wir ...

3
SCHREIBTISCH
EIN SITZENDER MANN, DER NERVÖS DEN RECHTEN FUSS BEWEGT
Ich muß es finden ... Schummeln, ohne mich beschummeln zu lassen!

3a
EIN MANN, DER LANGSAM MIT GICHTKRANKEN FÜSSEN LÄUFT
EIN MANN, DER SEHR SCHNELL LÄUFT
DER SCHNELLE: Schnell! Passatistischer Feigling!
DER LANGSAME: Uh! Was für eine Hetze! Ich habe es nicht nötig zu rennen! Wer langsam geht, lebt länger ...

4
DIWAN
3 DAMEN
EINE: Welcher gefällt dir am besten?

EINE ANDERE: Alle drei.
DIWAN
3 BEAMTE
EINER: Welche gefällt dir am besten?
EIN ANDERER: Die zweite.
Die zweite müßte diejenige der Frauen sein, die am meisten Bein zeigt.

5
TISCH
VATER
JÜNGLING   MÄDCHEN
DER VATER: Sobald du deinen Doktortitel hast, darfst du deine Cousine heiraten.

6
NÄHMASCHINE MIT PEDALEN
EIN MÄDCHEN ARBEITET
DAS MÄDCHEN: Am Sonntag werde ich ihn sehen!

7
EIN MANN, DER VOR EINEM IHN VERFOLGENDEN FUSSTRITT WEGLÄUFT
DER MANN, DER DEN FUSSTRITT VERSETZT: Wahnsinnige!

Marinetti

DIE ÜBERRASCHUNG

Ein Vorzimmer. Im Hintergrund zwei Türen; eine in der linken Ecke, die zum Flur führt, die andere in der Mitte führt zum Treppenhaus. – In der rechten Wand öffnet sich ein Fenster, an derselben Wand ein großes Sofa. – Längs der linken Wand ein Kleiderständer und Stühle. – In der Mitte ein Tisch. – Das Vorzimmer ist dunkel. – Zur Eingangstür treten DER EHEMANN *und* SIEBEN FREUNDE *ein, alle sternhagelvoll (in Frack oder Abendanzug).* DER EHEMANN *tastet sich komisch an der Wand entlang, er sucht den Lichtschalter. Zwei oder drei Betrunkene machen ihn nach. Endlich geht die Lampe an, die von der Decke herab über dem Tisch hängt.*

DER EHEMANN: Seid leise! *Er lauscht.* Meine Frau schläft ... Meine Frau schläft ... Ich habe nichts gehört ... Ihr Zimmer ist weit weg ... Was für eine schöne Überraschung! ... Ich wecke sie auf!

DIE ANDEREN: Nein, nein ...

EINER: Ja! Doch! ... Gute Idee!

EIN ANDERER: Nein! Um Himmelswillen! ... Sie ist so eine ernste Frau ...

EIN ANDERER: Aber sie hat Humor ...

DER EHEMANN: Sie wird es schnell begreifen. Ihr werdet sehen. Dann trinken wir alle zusammen ... Das ist heute mein Fest und es ist nur natürlich, daß meine Frau unsere Freude teilt ...

EIN ANDERER *torkelt zur Tür, die zum Flur führt:* Ich kenne das Haus ... Ich hole ein gutes Fläschchen! *Man hört ihn stolpern. Lärm von zersplitterndem Glas aus dem Zimmer nebenan.*

DIE EHEFRAU *Stimme von fern:* Ist da jemand? ... Ist da jemand? ... *Sie tritt auf, vornehm, im Morgenrock. Alle sind still. Der Betrunkene, der die Flasche holen wollte, folgt ihr; er ist komisch verwirrt.*

EINER: Guten Tag!

EIN ANDERER: Guten Abend!

EIN ANDERER: Gute Nacht!

EIN ANDERER: Guten Schlaf!

EIN ANDERER: Meine Hochachtung!

EIN ANDERER: Meine Verehrung!

EIN ANDERER: Ich gestatte mir, Ihre Hand zu küssen!
DIE EHEFRAU: Danke ... Danke ... *Gereizt:* Das habe ich nicht erwartet ... *Zum* EHEMANN *zornig:* Du hättest mich ja warnen können ... *Zu den anderen:* Entschuldigt mich ... in diesem Aufzug ...
EINIGE: Im Gegenteil! Im Gegenteil! Wunderschön!
ANDERE: Wir bewundern Sie!
EINER: Wir bewundern Sie!
Einer umarmt sie.
ALLE: Ohoh! Oooooh! ... Was für ein Skandal! Schlechtes Benehmen! ... Das tut man nicht ...
DER EHEMANN *komisch:* Ich werde ihn erwürgen!
Er geht ihm in komischer Weise an die Gurgel und wirft ihn auf das Sofa.
ALLE: Ja! Ja! Das hat er verdient, erwürgt zu werden. Ah! ah! ah! ah! ah!
Alle lachen ausgelassen und stiften den EHEMANN *an.*
DER EHEMANN *lachend, aber mit einer rohen Stimme:* Verräter! Verführer! Don Juan! Ah! Ah! Du hast Angst, daß ich dich erwürge!
Alle treiben ihn an, sie setzen sich auf ihn, als er sich über den anderen Betrunkenen beugt. – Allergrößte Heiterkeit. DIE EHEFRAU *geht unruhig durch das Zimmer. Einer nach dem anderen nehmen die Betrunkenen Abstand von dem Sofa, wo* DER EHEMANN *weiterhin den anderen unter sich hält.*
DER EHEMANN: Uff! Uff! Ihr erstickt mich! *Sich aufrichtend schaut er den Freund unter sich an, der sich nicht mehr bewegt.* Auf! Steh auf! Auf die Beine! Was für ein Rausch! ... Man muß ihm den Kragen öffnen! ... Gott! Er ist tot!
DIE ANDEREN: Nein! Nein! Das ist unmöglich! ... Wenn er tot ist! – Was machen wir? – Hauen wir ab? – Nein! Ja! – Ich habe es ja gesagt! – Ich bin blöd! – Sind wir verrückt! – Ich wußte ja, daß es böse enden wird!
Stille.
EINER: Er muß weggeschafft werden.
EIN ANDERER: Ja, ja ... *Schaut aus dem Fenster.* Nein, da ist niemand. Die Straße ist leer.
ZWEI *tragen den Leichnam durch die Eingangstür nach draußen.*

DIE EHEFRAU *auf dem Sofa, weint.*
DIE ANDEREN *schauen aus dem Fenster.*
EINER: Um diese Zeit kommen hier nur die Milchmänner vorbei ...
EIN ANDERER *schaut auf die Uhr:* Heute sind sie verspätet.
EIN ANDERER: Da sind sie.
EIN ANDERER: Wer?
EIN ANDERER: Sie sind es ... Sie tragen ihn mitten auf die Straße!
EINER: Was für eine gute Idee! Sie legen ihn auf den Trambahnschienen ab ... Da ... Da.
Alle lehnen sich aus dem Fenster, und man hört den Lärm eines Fahrzeugs, das näher kommt.
EINER: Das ist nicht die Straßenbahn ... Es ist ein Wagen ...
EIN ANDERER: Ein Leichenwagen, leer.
EIN ANDERER: Hervorragend!
EIN ANDERER: Er überfährt ihn!
EIN ANDERER: Er hat ihn zermalmt! Was der für einen Sprung gemacht hat!
EIN ANDERER: Der Wagen hält an ... Der Kutscher steigt ab ... Sie legen ihn auf den Wagen ...
EIN ANDERER: Wie gut das Bestattungsunternehmen organisiert ist ...

Marinetti

LICHTBEHANDLUNG

DER ARZT *zu* VOLONTÀ: Hier ist das Zimmer mit dem hellen Licht. Eine äußerst wirksame Kur. Ihr erotischer Körper wird bald gesund sein. *Ab.*

DER EROTISCHE KÖRPER *von* VOLONTÀ *ausgestreckt auf dem Bett:* Hochwasser! Rette sich, wer kann! Hilfe! Ich ertrinke! Ich sterbe vor Kälte! ...

VOLONTÀ: Schweig! Ah! endlich geht es mir besser! Seit sechs Jahren bin ich an dieses Tier gefesselt, Seite an Seite. Es führt mich, wohin es will. Mitten auf der Straße hält es mich an wegen eines Geruchs, wie ein Schwein, das keine Angst hat vor Autos ... Mein erotischer Körper liegt endlich ausgestreckt. Es war unmöglich, mit ihm gegen den Wind zu laufen. Ich mußte meine Schritte aufhalten, weil er dem Wind eine zu große Fläche bot.

DER EROTISCHE KÖRPER: Hochwasser! Kalt! Frost!

VOLONTÀ: Was denn für Hochwasser! Schweig! Hör auf, mit deinem Geschrei das ganze Haus aufzuwecken! ... Es war wirklich ermüdend ... Ich nach vorn geneigt ... er halb nach hinten gewendet ... Als wir eine Straße überquerten, habe ich eine kleine Erschöpfung ausgenutzt, gerade als fünf Straßenbahnen 20 elektrische Kugeln kreuzten. Mit einem Ruck habe ich mich gelöst ... Schweig! ... Ich habe kein Mitleid mehr mit dir ...

Lärm einer Menschenmenge hinter der Tür.

Wer ist da?

FRAUENSTIMMEN: Wir sind es!

VOLONTÀ: Wer wir?

FRAUENSTIMMEN: Machen Sie auf! Mörder! Sie begehen ein Verbrechen! ... Wir haben die fürchterlichen Schreie gehört, im Mondschein!

VOLONTÀ: Was denn für Schreie, welcher Mond! ...

Sie öffnet. 6 SEHR SCHÖNE FRAUEN *in Unterröcken treten geräuschvoll ein.*

So viele Frauen! Warum habt ihr eure Ehebetten verlassen? Wo sind eure Männer, eure Liebhaber?

EINE FRAU: Sie schlafen friedlich, wir haben sie in Schlaf gewiegt wie die Kinder ...

ANDERE FRAU: Meinen habe ich geschleudert wie in einer Salatschleuder ... der schläft erst mal ...

DIE 6 FRAUEN *nähern sich dem erotischen Körper:* Wie schön du bist! ... Wie schön du bist ...

Der Körper hört auf zu weinen und erhebt sich auf dem Bett mit elastischer Eleganz.

EINE FRAU: Komm mit uns ins Mondlicht!

DER EROTISCHE KÖRPER: Wo ist mein willensstarker Körper? ... Ich kann ohne ihn nicht gehen!

VOLONTÀ *sitzt an einem Schreibtisch und spricht mit einem elektrischen Lämpchen:* Pirupum pirupum pirupu.

DIE LAMPE: Mamma mama ma ma grirooo grirooo grirooo ...

VOLONTÀ: Habe verstanden! *Sie macht sämtliche elektrischen Lampen aus. Der Mond, der durch das Fenster scheint, spendet Halbschatten.*

DIE 6 FRAUEN: Ah! Er atmet! *Sie sprechen von dem erotischen Körper.* Komm. Wir tragen dich.

Sie tragen den erotischen Körper wie einen Leichnam ins Mondlicht hinaus.

VOLONTÀ *kommt in dem fast dunklen Raum nach vorn. Auf ihrer Brust strahlen die angehenden elektrischen Lampen in Form einer Rose.*

Marinetti

UNENTSCHIEDENHEIT
Eine taktile Synthese

Grauer Hintergrund.
DAS WEISSE GEWAND, *aufrecht, unbeweglich.*
Ein Diener kommt von rechts und stellt einen brennenden Spirituskocher auf einen kleinen Tisch. (Von innen der Klang einer Trompete.) Von links kommt ein Diener und stellt eine Schüssel mit Wasser auf einen anderen kleinen Tisch. (Klang einer Flöte von innen.)
DAS WEISSE GEWAND *bewegt sich zuerst auf den Spirituskocher zu, dann, unentschlossen, in Richtung der Schüssel. Es bleibt in der Mitte stehen, unbeweglich, zweifelnd. Eine Minute lang (ein starkes Klaviertremolo). Es zieht eine tote Maus aus der Tasche. Eine Bewegung des Ekels. Es wirft die Maus weg. Es zieht aus der anderen Tasche einen Aal hervor. Es scheint sich endlich entschlossen zu haben, den Aal in der Wasserschüssel zu kochen. Aber da stellt es fest, daß es glitschige Hände hat. Es wirft sich den Aal über die Schulter und wäscht sich in der Schüssel die Hände. Geste des Ärgers. Ein Wink zu den Kulissen. Da kommt ein Diener und nimmt die Schüssel und geht, dann kommt er mit einer anderen Schüssel mit frischem Wasser zurück.*
DAS WEISSE GEWAND, *zufrieden, löscht den Kocher. Es sucht in seinen Taschen nach Streichhölzern. Es findet keine. Statt dessen findet es, ganz tief unten, den Kiefer eines Skeletts. Zieht ihn hervor und zeigt ihn dem Publikum mit arglosem Blick.*

Marinetti

DER VERTRAG

Schlafzimmer. – Halbschatten. – Man sieht ein weißes Bett, in dem HERR PAOLO DAMI *im Sterben liegt.*
DER FREUND *tritt ein und wendet sich an das* ZIMMERMÄDCHEN: Paolo liegt im Sterben ... Gibt es keine Hoffnung mehr?
ZIMMERMÄDCHEN: Einen kleinen Hoffnungsschimmer. Der Schuß ist durch die Lunge gegangen.
DER FREUND: Aber sagen Sie mir ... Was meinen Sie, ist es Selbstmord?
ZIMMERMÄDCHEN: Ach nein! Wenn ihn jemand umgebracht hat, dann die Wohnung. Ich erkläre Ihnen das Geheimnis. Er hat zuletzt den Hausbesitzer um eine Fensteröffnung zur Straße hin gebeten, wegen des großen Fest-Umzugs. Der Kretin hat es abgelehnt. Vor drei Tagen hat Herr Paolo erfahren, daß der Hausbesitzer mit einem neuen Mieter verhandelt. Die Vorstellung, diese Wohnung zu verlieren, hat ihn dermaßen gequält, daß er sich mit einem Revolver erschossen hat.
PAOLO DAMI *im Traum sprechend:* Feuer! – Feuer! – Feuer! Die Wohnung brennt! Ruft die Polizei! *Er beruhigt sich.*
DER ARZT *tritt ein und ganz kurz darauf eine sehr elegante* DAME *in schwarzer Kleidung, die sich dem Sterbebett nähert, dem Publikum zugewendet.*
DER FREUND *zum* ARZT: Kann man denn gar nichts mehr machen?
DER ARZT *feierlich:* Nichts! Sehen Sie ... das ist ein äußerst schwerer Fall ... Wenn ein Herr in eine Wohnung kommt, ist das ein schwerer Fall, aber es besteht Hoffnung auf Heilung ... Kommt aber eine Wohnung in einen Herrn, dann ist der Fall tatsächlich aussichtslos!
In diesem Augenblick kommt die schwarzgekleidete DAME *auf der andern Seite des Bettes an und dreht sich mit dem Rücken dem Publikum zu, auf ihrem Rücken hängt ein Schild:* ZU VERMIETEN.

Marinetti

KAMPF DER KULISSEN

ROTE KULISSE

Scharren von drinnen. Schrei einer revoltierenden, angreifenden Menschenmenge.
Eine Minute langes Schweigen.
Auftritt DER VERÄCHTER. *Spricht unverständlich. Kritisiert mit Gesten den Bühnenprospekt. Ab.*
Auftritt DER PRÄPOTENTE. *Er kritisiert mit leidenschaftlicheren, aber unverständlichen Worten und Gesten den Bühnenprospekt. Ab.*
Auftritt DER FEINE. *Macht konfuse Gesten des Schreckens. Ab.*
Auftritt DER ÜBERZEUGER. *Begleitet die Veränderungen der Kulissen mit diplomatischen Gesten.*

ZARTBLAUE KULISSE

Von drinnen vier Mandolinen mit süßen Tönen.
Eine Minute langes Schweigen.

Flüstern und unterdrücktes Lachen von drinnen.
Die Tonleiter auf einer Flöte, von drinnen.
Die Stimme einer verliebten Frau, von drinnen.
Ein Schluchzen unter Tränen, von drinnen.

Drei Schläge auf einer unsichtbaren Pauke.

Die Szene wird dunkel.

Im Dunkel hört man das laute Schnarchen eines Mannes.

Marinetti

DIE GROSSE HEILUNG
Taktile Synthese

Roter Bühnenhintergrund.
Auf der Bühne und im Saal komplettes Dunkel. Stimmengewirr von einer heftigen Schlägerei dringt aus den Kulissen.
EINE STIMME *flehend*: Nein! Nein! Ich will nicht! Ich will nicht auftreten! Laßt mich doch!
ANDERE WÜTENDE STIMMEN: Du mußt! Du mußt auftreten! Wir treiben dich mit Gewalt hinaus!
ANDERE STIMME *sehr schrill*: Wir m a c h e n dich auftreten, mit Ohrfeigen, Tritten! Ja! Mit Tritten! ... Da hast dus!
Sehr großes Stimmengewirr.
DER SENSIBLE *auf die Bühne stürzend*: Was für Schläge. Der erste, im Nacken, der hat gesessen! *Mit weinerlicher und wollüstiger Stimme:* Ich kann den Abdruck im Gehirn fühlen, das wackelt wie ein Würfelbecher ... Und die drei Tritte? Der zweite hat mir das Steißbein gespalten! ...
Ein starker Scheinwerfer beleuchtet rechts eine schräge Wand, die mit finster funkelnden Messern gespickt ist.
Goottt! *Er weicht erschrocken zurück, wendet sich instinktiv nach links. Der Scheinwerfer beleuchtet jetzt die andere Wand, dort streckt eine wunderschöne halbnackte Frau ihm die Arme entgegen; sie lehnt an der andern, auch schrägen Wand, die äußerst morbid, mit fleischfarbenem Samt ausgeschlagen ist.*
Goottt! Bin ich denn betrunken? ... Nein, ich habe nichts getrunken! Vielleicht haben mich die Schläge betrunken gemacht? Ich bin nicht sicher auf den Beinen! ... Sie sind weich, weich, meine Beine! Mir bleiben nur noch die Hände! Ich schwanke! Es kommt mir vor, als wäre ich auf einem Schiff mitten in einem Unwetter auf dem Atlantik ... oder in einem Zug mit 200 km in der Stunde ... oder in die Kissen eines verrückten Autos gepreßt, das auf einer defekten Straße fährt.
EINE STIMME MIT MEGAPHON *von hinten*: Du mußt dich entscheiden! ... Du mußt dich entscheiden!

DER SENSIBLE: Entscheiden! ... Wie? ... Jetzt? ... Ich kann nicht! Noch eine Minute, um Gotteswillen!
EINE ZWEITE STIMME HINTER DER WAND *schreit durchs Megaphon*: Ent - schei - den! ...
DER SENSIBLE *taumelt nach rechts, nach links, nach hinten mit elastischen Beinen, wie das Torkeln eines Betrunkenen oder wie ein umgekehrtes Pendel*: Welche Angst! Welche Angst! Diese Frau ist göttlich, aber ihr Fleisch ist zu süß. Sicher sterbe ich, wenn ich sie berühre! ... Nein! Nein! Ihre Weichheit zerstört mich! Ich muß wählen! Wenn ich die Frau nicht will, werde ich in den scharfen Klingen verenden! ... *Dann betrachtet er, einer Eingebung folgend, die Rampe. Da erscheint langsam eine Leiter, die sich ins Publikum senkt. Die erste Reihe der Plätze ist von sehr schönen Frauen mit tiefen Ausschnitten besetzt. Er schaut sie an, riecht sie, betastet sie fast mit den Händen, sehr, sehr langsam. Er zuckt zusammen und dann weicht er immer schneller zurück, indem er die Leiter hochsteigt. Im selben Moment erklingt von der fleischfarbenen samtenen Wand her eine weiche Musik, unterstützt von einem Scheinwerfer; die andere Wand bleibt im Dunkeln. DER SENSIBLE wirft sich in die Arme der Frau. Als die beiden Münder sich fast vereinigt haben, stößt er einen herzzerreißenden Schrei aus*: Ah! Ah! Ah!
Dann entfernt er sich von der Frau und stürzt sich in die Klingen: Das ist mir lieber!
Er umarmt sie und gibt einen langen schmachtenden Liebeslaut von sich: Ah Aaaah! ... Lieber tot in zwei Minuten, als drei Jahre lang dahinsiechen!

Marinetti

EIN MONDSCHEIN
Alogische Durchdringung

Garten. – Eine Bank.
ER: Was für eine schöne Nacht! Setzen wir uns hierher ...
SIE: Wie süß die Luft ist!
ER: Wir sind allein, nur wir beide, in diesem großen Garten ... hast du keine Angst?
SIE: Nein ... Nein ... Ich bin froh, hier mit dir allein zu sein!
EIN FETTER DICKBAUCHIGER HERR *kommt aus einem Seitenweg, nähert sich den beiden und setzt sich neben sie auf die Bank. Sie sehen ihn beide nicht, als wäre er eine unsichtbare Figur:* Hum Hum. *Er fixiert die junge Frau, während sie spricht.*
SIE: Hast du den Wind gespürt?
DER FETTE DICKBAUCHIGE HERR: Hum Hum! *Er fixiert den Jüngling, während er spricht.*
ER: Es ist kein Wind.
SIE: Ist denn wirklich niemand hier, in dem Garten?
ER: Es gibt nur den Wächter da unten, in seinem Haus. Der schläft. Komm her, näher ... Gib mir einen Kuß ... So.
DER FETTE DICKBAUCHIGE HERR: Hum Hum! *Er schaut auf die Uhr, im Mondschein, steht auf und geht vor den beiden auf und ab, während sie sich küssen, dann setzt er sich wieder.*
SIE: Was für eine schöne Nacht!
ER: Wie süß die Luft ist!
DER FETTE DICKBAUCHIGE HERR: Hum Hum!
ER: Warum zitterst du? Hast du Angst?
SIE: Nein. Küß mich noch einmal!
DER FETTE DICKBAUCHIGE HERR *schaut wieder auf seine Uhr, im Mondschein, erhebt sich, geht hinter die Bank, immer noch unsichtbar, und klopft vorsichtig erst ihm und dann ihr auf die Schulter und entfernt sich langsam nach hinten.*
SIE: Was für ein Schauer!
ER: Es ist ein bißchen kalt ...

Sie: Es ist spät.
Er: Wir gehen zurück. Willst du?
Vorhang.

                                                              Marinetti

DAS KLEINE THEATER DER LIEBE
Objektdrama

Speisesaal. – Im Hintergrund zwei Türen, durch eine Tür sieht man eine Bibliothek. – In der linken Wand sind zwei Türen, zwischen den Türen steht der Servierwagen. – In der rechten Wand, zwei Türen, ein Fenster, die Anrichte. – In der Mitte der Tisch mit Stühlen. – Schwaches Licht.
DAS KIND: Mama, laß mich noch ein bißchen bei dir bleiben ... Eine Viertelstunde ... In deinem Bett. Darf ich?
DIE EHEFRAU: Nein, nein. Es ist Mitternacht. Du mußt dich ausruhen. Du weißt, daß ich dich nicht mit solchen Ringen unter den Augen sehen will ... Du bist müde ... Geh ins Bett ... Komm, sei lieb. Geh.
DAS KIND *geht langsam durch eine der linken Türen hinaus. Die Mutter wartet, bis sich das Geräusch seiner Schritte im Hintergrund des Hauses verloren hat, dann geht sie durch die rechte Tür, als wäre dahinter ihr Zimmer, sie löscht das Licht. – Stille.*
Die Möbel knistern mit leisen Stimmen, ihre Kräfte messend.
DER SERVIERWAGEN: Krack. In einer Dreiviertelstunde wird es regnen. *Stille.* Griiiii. Sie machen das Tor auf. *Stille.* Krick. Krick! Das Gewicht des Silberservices ist mir zu schwer!
DIE ANRICHTE: Krack. Krack. Das Dienstmädchen im dritten Stock geht zu Bett. *Stille.* Auf der Treppe befindet sich ein Gewicht von 70 kg. *Stille.* Krack.
DER EHEMANN *kommt im Schlafrock durch die andere linke Tür und trägt eine kleine Lampe mit Lampenschirm, er geht durch den Saal in die Bibliothek, die man hinten sieht. – Zögert vor den Regalen, sucht sich ein dickes Buch aus und kommt langsam zurück in den Saal, das Buch in der Hand. – Das Buch entgleitet ihm. Schlag auf dem Fußboden. Stille. Er hebt das Buch auf und geht durch die Tür ab, durch die er gekommen ist.*
DIE EHEFRAU *kommt durch die rechte Tür herein. Lauscht. Sie geht auf Zehenspitzen, um die Tür aufzumachen, die zum Treppenhaus*

führt. Auftritt DER ERSTBESTE, *ein eleganter Jüngling. Er trägt einen riesengroßen Karton:* Leise! Sssssssss ... Leise!
DER ERSTBESTE *öffnet den Karton und zieht ein Kasperle-Theater hervor und stellt es auf den Tisch.*
DIE EHEFRAU *mit leiser Stimme:* Schön! schön! *Sie klatscht mit kindlicher Freude und Bewunderung geräuschlos in die Hände.* Danke ... Komm ... *Sie führt ihn zur rechten Tür. Sie gehen ab. Die Tür schließt sich. Stille.*
DER SERVIERWAGEN: Krick. Es regnet ... es regnet ...
DIE ANRICHTE: Krack. Der Rücken des Hausherrn nähert sich allmählich der Sessellehne.
DAS KIND *kommt im Nachthemd durch die 1. linke Tür, nähert sich dem Tisch, tastet im Halbschatten, lauscht, geht auf die rechte Tür (Zimmer der Mutter) zu und bleibt dort unbeweglich und lauschend stehen.*
DIE ANRICHTE: Kraack.
DAS KIND *wagt einen Schritt ins Zimmer der Mutter und rennt zurück, um sich unter dem Tisch zu verstecken. Die rechte Tür öffnet sich.*
DIE EHEFRAU *erscheint in der Tür, lauscht einen Moment:* Nichts. Alle schlafen. *Sie zieht sich zurück und schließt die Tür.*
DAS KIND *kommt unter dem Tisch hervor, steht lange und lauscht, dann legt es sich auf den Boden, den Kopf auf dem Arm, und schläft ein.*
Von dem Moment an, wo das Theater aufgestellt worden ist, beginnt ein unter dem Tisch versteckter Spieler, die Marionetten, die sich in dem Theater befinden, zu bewegen.
DER SERVIERWAGEN: Krick. Es regnet.
DIE ANRICHTE: Krack. Ich dehne mich aus. *Stille.*
Die rechte Tür öffnet sich wieder. DIE EHEFRAU *tritt ein, vorsichtig folgt ihr* DER ERSTBESTE. – *Sie sehen das unter dem Tisch schlafende Kind nicht.* – DIE EHEFRAU *geht zur Anrichte, holt eine Flasche Likör und zwei Gläser und stellt sie auf den Tisch. Er trinkt. – Sie küssen sich.* – DER ERSTBESTE *geht durch die Tür zum Treppenhaus ab.* – DIE EHEFRAU *entdeckt das Kind, weckt es und zeigt ihm das kleine Theater.*

DAS KIND *sich die Augen reibend*: Schön! schön! *Es spricht die Worte mit derselben kindlichen Begeisterung und Freude aus, wie vorher die Mutter. Kurze Stille.* Ich habe geträumt.
Es nimmt das kleine Theater und läßt sich zur linken Tür hinausführen.
DIE ANRICHTE: Kraack. Kraack! Dieses kleine Theater ist das alte, kleine Theater, das Kraack machen wird unter den hygienischen Bomben im nächsten Krieg!
Vorhang.

Marinetti

ANTINEUTRALITÄT
Durchdringung

Sehr eleganter Salon. – Auf den Tischchen steht viel Nippes, auch in kleinen Vitrinen. – Ahnenportraits und Drucke aus dem 18. Jahrhundert an den Wänden. – Sehr bequeme Sessel mit vielen Kissen. – Auf den ersten Blick sieht es aus wie der Salon einer Dame; an einigen Details bemerkt man, daß es sich um den Salon eines feinen und raffinierten jungen Mannes handelt. – Drei junge Herren mit leicht femininem Äußeren, sehr geschniegelt, sehr elegant, alle drei im Frack, sitzen an einem zierlichen Tisch und trinken türkischen Mokka. – Im Hintergrund eine Tür.
EINER *zeigt den beiden anderen sein wunderschönes goldenes Zigarettenetui und spricht in aristokratischer Manier:* Nimm davon, Lieber ... Ich habe sie mir aus Kairo schicken lassen. Ihr delikater Geruch ist unübertroffen.
DER ANDERE *nachdem er sich eine Zigarette angezündet hat, erhebt sich, um einen Druck zu begutachten:* Danke, Lieber ... Exquisit! *In französisch:* Ah! L'Oriente! L'Oriente. Den kleinen Druck, den du mir vor zwei Jahren geschenkt hast, habe ich in der Mitte meines Salons aufgehängt. So viele Elogen! Alle bewundern ihn. Eine regelrechte Wallfahrt! ... Ich habe einen passenden Rahmen dafür gefunden ... ein Wunderwerk! Ihr müßt kommen und es sehen. J'ai aussi un petit cadeau à te faire. La poudre de Bagdad. *Er zeigt seine Nägel.* Tu vois quelle merveille! Notre jolie Comtesse le me neidet.
Die Tür geht auf. Zwei robuste Boxer in Boxerdress und mit Boxhandschuhen an den Händen treten ein. Sie werfen einen Blick in den Salon, ohne sich an den drei jungen Herren zu stören.
DIE DREI *mit Überraschung und Abscheu:* Quelle horreur!
ERSTER BOXER: Hier?
ZWEITER BOXER: Ja, hier ... warum nicht?
Sie rücken brutal einige Möbel beiseite und beginnen plötzlich mit einem sehr heftigen Boxkampf.
Die drei Herrchen springen angeekelt auf und ziehen sich in die drei Ecken des Raumes zurück, wo sie erschüttert und wütend stehenblei-

ben, wie drei Angorakatzen angesichts einer Invasion von Bulldoggen.
ERSTER BOXER *versetzt dem anderen einen fürchterlichen Hieb:* Knockout.
Der andere bleibt einen Moment lang betäubt liegen, dann erhebt er sich und streckt dem Angreifer die Hand entgegen, der hilft ihm auf. Dann machen sie in schweigender Übereinstimmung eine Runde durch den Raum, einer hinter dem anderen. Sie bleiben einen Augenblick vor jedem der drei zarten Herren stehen und spucken dreimal mit größtem Abscheu aus.
Pfui!
Pfui!
Pfui!
Vorhang.

Marinetti

DAS TAKTILE QUARTETT
Taktile Synthese

Grauer Hintergrund.
DER SCHWARZGEKLEIDETE, *sehr sorgfältig (Antiquar oder Bücherwurm), liegt in einem Sessel versunken, der ihn beinahe unter dem mit antikem Porzellan und wertvollen Büchern und rechts und links überhängendem Papier beladenen Tisch versteckt.*
Es gehen ZWEI STUDENTEN *vorbei. Sie berühren den Tisch, aber es fällt nichts herunter.*
DER SCHWARZGEKLEIDETE *erhebt sich mit einem Ruck, zittert und breitet die Arme aus, wie um seine Schätze zu verteidigen.*
Mittagsglocken.
DER SCHWARZGEKLEIDETE *zieht einen Karton aus der mittleren Schublade, öffnet ihn und ißt daraus furchtsam und verschämt vergammeltes Obst. Dann nimmt er die Schalen aus dem Karton, steht auf, lauscht an der Tür der beiden Studenten, versichert sich, nicht gesehen zu werden, und legt die Schalen rund um den Tisch auf dem Boden aus.*
DIE ZWEI STUDENTEN *kommen eilig wieder, sie reden verwirrt und mit aufgeregten Gesten. Sie berühren die Bücher und das Papier. Diesmal fällt etwas herunter. Aber sie rutschen aus und fallen ebenfalls.*
Irritiert, begreifen sie, sammeln die Schalen auf und zwingen den Mann, sie zu essen.
EINE SCHÖNE FRAU *tritt auf, halbnackt; sie lacht und betrachtet die luxuriösen Bücher mit Leidenschaft. Sie blättert in einem. Gibt zu verstehen, welches sie gerne hätte.*
DER SCHWARZGEKLEIDETE *berührt das Papier des erwünschten Buches, nimmt es an sich und drückt es an sein Herz. Dann berührt er scheu mit seiner Rechten den Arm der Frau. Grimasse der Sinnlichkeit.*
DIE FRAU *läßt ihm ein wenig den Arm und zieht ihn dann zurück.*
DER STUDENT, *der bei ihr steht, gibt ihr einen heftigen Kuß.*
DER SCHWARZGEKLEIDETE *schrickt beim Schmatzen des Kusses zusammen.*

DER STUDENT, *der auf der anderen Seite steht, benutzt die Gelegenheit, ihm einen Schlag in die Seite zu verpassen.*
DER SCHWARZGEKLEIDETE *wendet sich vor Schmerzen ab. Ein neuer schmatzender Kuß. Das Papier wird befühlt. Der Arm wird befühlt. Ein neuer Kuß. Ein neuer Schlag. Das taktile Quartett ist sportlich, ad libitum.*

Marinetti

DIE LICHTER

Ein THEATERDIREKTOR, *mit verschiedenen Stimmen.*
ERSTE STIMME: Die Lichter aufstellen am leeren, dunklen Horizont des menschlichen Gehirns! Die Menschheit erneuern! Jeden Abend!
ZWEITE STIMME: Schnell, die Scheinwerfer! Den blauen Film! Achtung! Die Stangen! Die rote Beleuchtungsrampe!
ERSTE STIMME: Das Universum in seiner eigenen Gestalt wiederbeleben! Geniale italienische Epidermis! Wie sie sich totlachen, die spöttischen Schluchten des Apennin! Die Wiedererweckung des sinnlichen Mediterrans mit seinen salzigen und harzigen Golfen! Die sonnige Heiterkeit der ligurischen Seen! In den Augen die vulkanische Glut Siziliens, hassend, befehlend, zurückweisend! Die große Geste der Vorgebirge, die aus dem weichen Herzen des Meeres Oliven reichen!
Im Innersten des höchsten Theaterschiffes sterben die geopferten Maschinisten, während hoch am Hauptmast die Fahne des Dichters weht, zerrissen von den Schrapnells der Dummheit!
ZWEITE STIMME: Die blauen Filter!
ERSTE STIMME: Widersetzen wir uns dem Ozean des Publikums, dem Abschaum der Blödheit! Die gezielten Schüsse der Kritiker sind unfähig, die Originalität zu treffen, das vitale Zentrum des Schiffes!
ZWEITE STIMME: Alles von der Bühne!
THEATERDIREKTOR *sich der Rampe nähernd:* Meine Herren! Ich kann Ihnen mein Stück nicht zeigen, solange dieser alte Kronleuchter brennt!
DIE STUDENTEN *in den Logen*: Macht ihn aus!
THEATERDIREKTOR: Das ist ein altes Problem zwischen mir und dem Impresario, der will diesen Kronleuchter erhalten ...
PAPPAFREDDI *tritt auf, der gefeierte Kritiker mit schwarzen abstehenden Haaren. Er setzt sich in die Mitte des Parketts.*
DAS PUBLIKUM: Entscheide, Pappafreddi!
THEATERDIREKTOR *entmutigt*: Ich sehe, es geht nicht. Der Impresario

ist dagegen. Ich werde es versuchen, aber ich übernehme keine Garantie für die Folgen ... Vorhang!
Wenn der Vorhang sich wieder öffnet. Dunkle Bühne. Der THEATERDIREKTOR *kommt herein, er hantiert mit einer riesigen Rakete herum.*
THEATERDIREKTOR: Ich hoffe, daß sie in größtem Glanz explodiert! Man muß die Milchstraße verdunkeln! Es wird ein himmlischer Vulkan werden! *Wachsende Angst im Publikum.*
EIN STUDENT, *der an der Kette des Kronleuchters hochgeklettert ist*: Pappafreddi! Ich säge an der Wurzel des Kronleuchters! Hörst du die Feile?
Keiner hört sie.
DAS PUBLIKUM: Was soll das, im Dunkeln, mit dieser Rakete? Er versucht die Lunte zu zünden. Warum denn im Dunkeln? Er will den Effekt vergrößern. Ich gehe. Ich habe Angst. Wenn es einem ins Gesicht fliegt. Nein, er zielt an die Decke!
Man hört das Geräusch einer Feile.
DER STUDENT: Pappafreddi! Ich bin hier, dicht über deinem Kopf, ein futuristischer Affe im prähistorischen Geäst dieses Kronleuchters! Ich lasse ihn auf deine Blitzableiterfrisur fallen!
Der Kronleuchter fällt. Getöse, Splitter. PAPPAFREDDI *ist tot, zerschmettert unter seinen abstehenden Haaren. Schreie. Flucht.*
THEATERDIREKTOR: Ruhe! Achtung! Ich habe mich endlich mit dem Impresario geeinigt. Wir können anfangen!
Vorhang.

Marinetti

WER VON BEIDEN?

Zur Rechten.
Der Hof eines Irrenhauses. Einige Irre sitzen auf dem Boden und spielen Karten; andere spielen Fangen. – Vorn rechts an der Rampe sitzt an einem mit Papier beladenen Tisch ein VERRÜCKTER *und kritzelt hastig und unaufhörlich.*
Dem VERRÜCKTEN *nähert sich ein* PROFESSOR, *mit ihm ist ein* MEDIZINSTUDENT.
PROFESSOR *auf den* VERRÜCKTEN *zeigend:* Eine andere manische Erscheinungsform. Zum Beispiel dieser schreibt andauernd in der weitschweifigsten Art und Weise dieselben Sachen.
STUDENT: Das ist merkwürdig.
DER VERRÜCKTE *unterbricht plötzlich seine Schreiberei – geht auf den* PROFESSOR *zu und sagt in flehendem Tonfall*: Professor, glauben Sie mir, ich bin nicht verrückt, nein, ich bin nicht verrückt.
Geht zurück zu seinem Schreibtisch und fängt wieder an zu schreiben.
STUDENT: Er tut mir leid. Er ist doch ruhig. Kann man ihn nicht entlassen?

Zur Linken.
Das widerliche Studierzimmer eines weißbärtigen KRITIKERS. *– Große Bücherregale voller alter und dicker Bücher. – Links an der Rampe sitzt der* KRITIKER *an seinem Schreibtisch, auf dem Bücher und Manuskripte liegen. Er schreibt ohne Unterbrechung und benutzt ein umfangreiches altgebundenes Nachschlagewerk.*
Auftritt ein ANDERER KRITIKER.
DER ANDERE KRITIKER: Guten Tag, Professor. Immer an der Arbeit, was?
KRITIKER: Na und ... Ich stelle die Behauptung auf, daß der umstrittene Pantoffel im Besitz von Boccaccio war, just in der Epoche, in der er das Decamerone geschrieben hat.
DER ANDERE KRITIKER *betrachtet den Stapel Manuskripte auf dem Schreibtisch*: Donnerwetter, wieviel Zeug!

KRITIKER: Das ist es wert. Ich habe bereits 1700 Seiten geschrieben und bin in der Mitte der Arbeit. *Er fängt wieder an zu schreiben.*
DER ANDERE KRITIKER: Vielleicht, vielleicht ... aber der scheint mir verrückt zu sein. Er wird in Behandlung gehen müssen ...
Vorhang.

Soggetti

TRADITIONALISMUS

Erster Akt
Ein ALTER *und eine* ALTE *sitzen sich gegenüber an einem Tisch. Neben ihnen ist ein Kalender.*
ALTER: Wie geht es Ihnen?
ALTE: Danke gut. Und wie geht es Ihnen?
ALTER: Danke gut. *Pause.* Morgen wird ein schöner Tag sein. *Pause.* Reißen wir auch heute wie üblich das Blatt ab: 10. Januar 1860. *Pause.* War Ihre Verdauung gut?
ALTE: Kann nicht klagen.
ALTER: Sind Ihre Verdauungsstörungen vorüber?
ALTE: Ich habe heute sehr gut gegessen und gut verdaut. Mir geht es sehr gut!
ALTER: Mir geht es sehr gut! *Sie trinken.*

Zweiter Akt
Dieselbe Szene. Dieselbe Einrichtung.
ALTER: Wie geht es Ihnen?
ALTE: Danke gut. Und wie geht es Ihnen?
ALTER: Danke gut. *Pause.* Morgen wird ein schöner Tag sein! *Pause.* Reißen wir auch heute wie üblich das Blatt ab: 10. Januar 1880. *Pause.* War Ihre Verdauung gut?
ALTE: Kann nicht klagen.
ALTER: Sind Ihre Verdauungsstörungen vorüber?
ALTE: Ich habe heute sehr gut gegessen und gut verdaut. Mir geht es sehr gut!
ALTER: Mir geht es sehr gut!
Dunkel.

Dritter Akt
ALTER: Wie geht es Ihnen?
ALTE: Danke gut. Und wie geht es Ihnen?
ALTER: Danke gut. *Pause.* Morgen wird ein schöner Tag sein! *Pause.* Reißen wir auch heute das übliche Blatt ab: 10. Januar 1910.

ALTE: O Gott! Was für Stiche im Herzen! Ich sterbe... *Sie fällt um und bewegt sich nicht mehr.*
ALTER: O Gott! Was für Stiche im Herzen! Ich sterbe... *Er fällt um und bewegt sich nicht mehr.*

Settimelli

DER FRAUENVERSCHLINGER

Die Bühne ist in drei Räume geteilt. Drei Salons, die von je einer Frau bewohnt werden. SERGIO *betritt den ersten linken Raum und umarmt die Frau, die er da vorfindet. Er geht in den zweiten Raum und hat mit der zweiten Frau einen leichten Streit, ihre Gesten gleichen einem Kuß. Dann geht er in den dritten Raum und kniet vor der dritten Frau nieder. Sie streicht ihm herrisch über das Haar. Der Vorhang schließt sich. Eine sehr kurze Pause. Der Vorhang öffnet sich.* SERGIO *geht von rechts nach links durch die drei leeren Räume in der Pose eines Gebieters. Er wirft aus der Tasche seiner Jacke Mengen kleiner farbiger Papierherzen. Der Vorhang öffnet sich wieder. Von rechts kommt eine vierte Frau. Sie geht dem von links kommenden* SERGIO *entgegen. Sie stoßen fast zusammen.*

SERGIO: Ach! Du ...

DIANA *hart*: Nein. Die Erinnerung von mir.

SERGIO *mit einem leichten Tadel in der Stimme:* Diana!

DIANA *noch härter*: Was denn, Diana! Ich heiße Giovanna! Oder auch Margherita, Giuseppina, Bianca, Anita.

SERGIO *ärgerlich*: Ist es wieder soweit!

DIANA: Nein. Ganz anders! Meinst du, ich weine aus Eifersucht? Ich lache. Ich lache! *Sie bricht in Gelächter aus.*

SERGIO: Aber warum?

DIANA: Weil ich geglaubt habe, eine Rivalin zu haben, ein Wesen, das ich bekämpfen, hassen, vielleicht sogar töten muß, aber statt dessen ... Giuseppina, Anita, Bianca, Margherita ... und andere. Andere! Nicht eine Rivalin, sondern dreißig! Wer kann denn alle diese Namen überhaupt noch zählen, die mir der gute Spitzel Stefanio mit allen deinen Liebesbriefen unter die Nase gehalten hat? Was für eine Mühe! Warum ziehst du deine Rundschreiben denn nicht mit der Maschine ab?

SERGIO *leidenschaftlich*: Weil ich sie alle liebe! Weil ich sie liebe, jede in ihrer Art, ganz für sich, und was am wichtigsten ist, ernsthaft. Und wenn du glaubst, daß ich unter meinen Ausschweifungen nicht leide, dann irrst du dich! Aber ich wehre mich gegen Schuldgefühle.

Wenn ich in der Lage bin, viele Frauen zur gleichen Zeit zu lieben, dann ist das das Zeichen, daß ich ein Meer der Liebe in mir habe und wenn sie mich alle anrühren, dann ist das das Zeichen, daß ich eine Güte in mir habe, die viel größer ist als die gewöhnliche Güte! ...

DIANA *verzweifelt*: Genug! Genug! Jetzt hast du mir auch noch die Freude am Leiden geraubt! Sie ist komisch, meine Tragödie! Stell dir das vor, du, diese Rache! Gegen den, der mich betrügt? Gäbe es hier ein Maschinengewehr, dann wäre das kein Eifersuchtsdrama, sondern eine Schlacht mit Toten und Verwundeten! ... *Sie lacht unter Zuckungen.*

SERGIO: Bitteschön, liebe doch einen gewöhnlichen Mann! Ein kleines Format, einen guten Ehemann, der nicht über seine eigene Nase hinaussieht, zieh dich mit ihm zurück, vermehrt euch, befriedige dich mit ihm! Jede Höhe hat ihre Tiefen! ...

DIANA: Nein, nein, Liebe gibt es nur in der Einmaligkeit! Du meinst, viele Frauen zu lieben. In Wirklichkeit liebst du nur dich selbst. Aber ich habe ein Mittel, mich auf eine neue Art in dein Herz einzumeißeln ... Damit! ... *Sie zieht einen Revolver aus ihrer Handtasche und hält ihn sich an die Schläfe.*

SERGIO *ergreift mit einem Ruck ihren Arm*: Hör auf! *Dann, betont langsam, die Worte:* In dem Bericht, den dir der Spitzel Stefanio gegeben hat, fehlen zwei ... die sich meinetwegen umgebracht haben ... und zwar mit einem Revolver. Hör auf. Damit tust du dich nicht hervor! SERGIO *lockert den Griff, aber* DIANA *läßt den Revolver los, der mit einem heftigen Aufprall zu Boden fällt.*

Settimelli

DIE PERVERSEN

Ein unbestimmbarer Ort: Saal in einem Gasthof oder Künstlerwerkstatt oder Wohnzimmer: phantastische Dekoration.
PALLIDO *bürstet geduldig einen Gobelin, auf den ein Sonnenstrahl fällt*: Heute ist es schwieriger als sonst, diese störenden Flecken wegzumachen. Die Luft ist zu trocken: man muß sich abmühen wie ein Dichter auf der Suche nach Bildern.
SERIO *versunken in einem Sessel. Er hat ein Lesepult mit einem aufgeschlagenen Buch vor sich. Er liest darin mit einem langen Rohr im Mund, mit dessen Ende er die Reihen entlanggleitet*: Äußerst interessant, dieses Kapitel über die Liebe der Segmente und der Bruchteile. Ich lese das mit großem Vergnügen. *Er liest weiter.*
AGGHINDATO *kommt vom Fenster zurück, an dem er sich gezeigt hatte*: Was soll denn dieser Lärm hinter meinem Rücken. Es ist ohrenbetäubend!
LUGUBRE *der mit den Händen in den Taschen auf- und abgegangen war*: Ach weißt du, das muß dieses Gelb da sein, vom Vorhang: Ich habe es auch gehört, und es fing an, mich zu irritieren.
AGGHINDATO: Bah, ich bitte dich, mach es weg!
LUGUBRE: Kein Problem. Man muß es so machen. *Er zieht den Türvorhang ganz auf eine Seite und faltet ihn so, daß man das Gelb nicht mehr sieht.* So, jetzt hört man es nicht mehr. Es hat einen unerträglichen Lärm gemacht!
AGGHINDATO: Danke, mein Lieber. Jetzt kann ich in Ruhe die Straße in mich aufsaugen. *Wendet sich wieder dem Fenster zu.*
FOSFOREA *kommt schnell, schön elegant und unbefangen durch die Tür*: Guten Tag, meine Lieben. Wie gehts? Konntet ihr euch gestern abend von dem Vollmond befreien, der euch in den Fängen hatte wie so viele junge Nachtigallen? Glaubt mir, solange der Mond regiert, ist es nicht gut, sich nachts draußen herumzutreiben: man bleibt da hängen bis zum Morgengrauen. Ich bin mit einer tödlichen Müdigkeit in den Knochen ins Bett gegangen. LUGUBRE *nähert sich ihr und küßt ihr die Hand.* Ciao, mein Lieber. Hier, diese Veilchen sind für dich. Sieh dich vor, sie glühen.

LUGUBRE: Danke, keine Angst. *Er hält sie vorsichtig einige Sekunden lang an sein Ohr, lächelt entrückt.* Wie entzückend. Sie klingen so schön.

FOSFOREA: Für dich, Serio, habe ich eine gewaltig rote Rose. *Sie holt eine rote Rose aus ihrer Tasche.*

SERIO: *legt das Rohr hin und steht auf*: Au! *Hält sich die Wange.*

FOSFOREA: Was ist los?

SERIO: Donnerwetter, man darf eine Rose von solcher Farbe nicht so heftig werfen. Sie hat mich geohrfeigt.

FOSFOREA: Entschuldige, du weißt, das war nicht meine Absicht. *Sie gibt ihm die Rose.*

SERIO: Danke. *Er wendet sich wieder dem Lesen zu und hält nach und nach die Rose an sein Ohr.*

PAFFUTO *tritt ein, verbeugt sich. Er wird mit einem allgemeinen Protestgeschrei empfangen.* He, was ist denn los? Was habe ich denn getan?

– Wir haben dir schon zehnmal gesagt ...

– Bestimmt! Jetzt mußt du es doch endlich kapiert haben ...

– Unverbesserlich ...

– Es fehlt ihm an Zartgefühl ...

– So kann man doch nicht leben ...

– Mach Schluß damit, ich werde krank ...

– Wenn das so weitergeht, werden noch alle verrückt ...

PAFFUTO *nachdem sich der Chor gelegt hat*: Ach ... ich habe verstanden: der Hut ... *Er nimmt seinen viereckigen Hut ab.*

AGGHINDATO: So: kommt es dir höflich vor, diesen Raum hier jedesmal mit diesem unerträglichen Hut auf dem Kopf zu betreten, wo du doch genau weißt, daß wir alle davon einen nervösen Schock bekommen, der uns dann eine Woche lang nervt?

PAFFUTO *mit Demut*: Stimmt. Verzeiht mir. Ich versichere euch, daß ich gedemütigt, niedergeschlagen, beschämt bin.

FOSFOREA *hält sich die Nase zu*: Ach, sei endlich still! Jetzt willst du uns auch noch mit deinen stinkenden Worten vergiften. Du bist ein Gaffeur erster Ordnung.

PAFFUTO *zieht sich in eine Ecke zurück und beginnt wie* SERIO *mit einem Rohr zu lesen.*

FOSFOREA *macht dasselbe.*
Einige Sekunden Ruhe.
DIENER *führt einen gut gekleideten, steifen Herrn vor*: Hier sind wir, Doktor. Wir vertrauen sie Ihnen an. *Mit einer hilflosen Geste.* Arme Irre!
DOKTOR *kommt langsam näher, schaut sich um und nähert sich* PALLIDO *und klopft ihm auf die Schulter*: Junger Mann, was machen Sie denn da?
PALLIDO: Pah, sind Sie taub? Ich staube das Licht ab.
DOKTOR *hält ihm den Arm fest*: Also gut, ich muß Ihnen sagen, daß Sie nicht rechthaben: Licht staubt man nicht ab.
PALLIDO *bricht in Lachen aus*: Ach, nein? Hahahahaha! Sie sind vielleicht originell, Sie.
DOKTOR *stellt sich neben* SERIO: Und Sie mein Freund, was machen Sie?
SERIO: Ich? – Mir scheint, ich lese.
DOKTOR: Mit diesem Rohr?
SERIO: Genau.
DOKTOR: Aber Sie täuschen sich auch. Man liest nicht mit dem Mund, sondern mit den Augen.
SERIO: Bravo, das habe ich gar nicht gewußt. *Schüttelt den Kopf.* Das ist ein Halbverrückter.
DOKTOR *stellt sich neben* LUGUBRE: Warum halten Sie sich denn diese Veilchen an die Ohren?
LUGUBRE: Belästigen Sie mich nicht. Ich bin nicht zu Scherzen aufgelegt.
DOKTOR: Ich scherze nicht. Man riecht an Blumen mit der Nase, nicht mit den Ohren.
LUGUBRE: Hört doch auf damit, schwachsinnig!
DOKTOR *neben* FOSFOREA: Und Sie, gnädige Frau …
FOSFOREA *gibt ihm eine Ohrfeige*: Zum Teufel mit den Professoren!
ALLE *einfallend*: Tod! Tod den Professoren! Nieder mit der Kultur! Tod! Nieder! *Sie fallen von allen Seiten über den* DOKTOR *her und werfen ihn brüllend hinaus.*

Carli

UM DAS WEINEN ZU VERSTEHEN

EIN WEISSGEKLEIDETER HERR *sommerlich gekleidet.*
EIN SCHWARZGEKLEIDETER HERR *Trauerkleidung einer Frau.*
Hintergrund: ein quadratischer Vorhang, halb rot, halb grün. Die beiden Personen sprechen immer sehr ernsthaft.
SCHWARZER HERR: Um das Weinen zu verstehen ...
WEISSER HERR: Mispickititotiti.
SCHWARZER HERR: 48.
WEISSER HERR: Brankapatarsa.
SCHWARZER HERR: 1215 aber ich ...
WEISSER HERR: Ullurbussssut.
SCHWARZER HERR: 1 mir scheint, Sie lachen.
WEISSER HERR: Sgankasanipir.
SCHWARZER HERR: 111. 111. 022 ich verbiete Ihnen zu lachen.
WEISSER HERR: Parplikurplotoparplint.
SCHWARZER HERR: 888 Himmelherrschaftszeitennocheinmal! Nicht lachen!
WEISSER HERR: Hihihirrriririhihirri.
SCHWARZER HERR: 12344 Genug! Aufhören! Hören Sie auf zu lachen!
WEISSER HERR: Ich muß lachen.

Balla

DER AUFSTEIGENDE KÖRPER

Irgendein Zimmer in der zweiten Etage eines großen Gebäudes. – Im Hintergrund ein großes geöffnetes Fenster.
DER MIETER AUS DER 2. ETAGE *sitzt rauchend in einem Sessel am Fenster. Er springt plötzlich mit einem Satz auf, als vor dem Fenster sehr schnell, von unten nach oben, ein länglicher Körper vorbeifliegt. Schreiend lehnt er sich zum Fenster hinaus und schaut nach oben. Inzwischen hört man ein Klopfen an der Tür. Er läuft, die Tür zu öffnen*: O Gott! Hilfe! Beeilt euch! Haben Sie das gesehen? Ein Körper ist aufgefahren von unten, von der Straße ...
DER MIETER AUS DER 3. ETAGE *aufgeregt eintretend*: Sie haben es also auch gesehen??!! ... Eine Art grauer Wolke ist vorbeigekommen und hat mein Fenster gestreift ... Ich wohne im dritten Stock.
DER MIETER AUS DER 1. ETAGE *kommt dazu*: Entweder bin ich verrückt oder es gibt übernatürliche Dinge ... Irgendetwas ist an meinem Fenster im ersten Stock vorbeigekommen ... Ein fester Körper, behaart, der ist schwindelerregend aufgestiegen!
DER MIETER AUS DER 4. ETAGE *tritt voller Entsetzen ein und hält sich an den Möbeln fest*: Ich auch, ich auch, ich habs gesehen! Mir ist es aber vorgekommen, als wäre es ein weicher Körper, fast flüssig!
DER MIETER AUS DER 1. ETAGE: Aber nein! ... Er war länglich und behaart!
DER MIETER AUS DER 3. ETAGE: Nein! Nein! Nein! Ich sage euch doch ... Er war verschwommen wie Gas ...
DER MIETER AUS DER 2. ETAGE: Die Hausmeisterin wird es ja gesehen haben ... Rufen wir sie.
DIE ANDEREN *im Chor*: Ja! Ja! Wir rufen sie! Hausmeisterin! Hausmeisterin!
Auftritt DIE HAUSMEISTERIN.
SÄMTLICHE MIETER *in großer Verwirrung*: Haben Sie das gesehen? Haben Sie das gesehen? ... Was ist von der Straße aufgefahren?
DIE HAUSMEISTERIN *ruhig, mit einem mitleidigen Lächeln*: Beruhigen Sie sich! Beruhigen Sie sich! ... Nichts Besonderes! Die junge Dame

aus dem 5. Stock saugt jeden Tag mit ihrem Blick ihren Liebhaber auf ... So, ins Treppenhaus kommt der mir nicht, dieser Schweinehund ... Dafür sorge ich, für die Ehrbarkeit dieses Hauses.

Boccioni

GEIST UND KULTUR

In der Mitte ist ein prächtiger Toilettentisch mit Spiegel, an dem eine sehr elegante FRAU, *schon fertig angekleidet zum Ausgehen, sitzt und ihre Schönheitspflege beendet. – Rechts, der* KRITIKER, *ein zwielichtiges Wesen, weder schmutzig noch reinlich, weder jung noch alt, unbeteiligt; er sitzt an einem mit Büchern und Papier überladenen Schreibtisch, auf dem ein großes, weder antikes noch modernes Papiermesser glänzt. Er sitzt mit dem Rücken zum Toilettentisch. – Links, der* KÜNSTLER, *jung, elegant. Er sitzt zwischen vielen Kissen auf dem Boden und stöbert in einer großen Zeichenmappe.*
DER KÜNSTLER *legt die Mappe weg und hat den Kopf zwischen den Händen*: Es ist schrecklich. *Pause.* Ich muß da rauskommen! Ich will mich erneuern! *Er steht auf und zerreißt heftig einige Zeichnungen, die er aus der Mappe geholt hatte.* Befreiung! Diese leeren, abgenutzten Formen. Alles ist bruchstückhaft, armselig! ... O Kunst! ... Wer, wer wird mir helfen? *Er schaut herum und zerreißt mit schmerzvollen und heftigen Bewegungen weiter die Zeichnungen.*
DIE FRAU *hört ihn nicht, obwohl sie so nah bei ihm ist. –* DER KRITIKER *wendet sich ärgerlich ein wenig um und nähert sich, während er ein Buch mit einem gelben Umschlag aufschneidet.*
DER KRITIKER *indem er halb* DIE FRAU *anspricht, halb mit sich selbst redet*: Was hat denn dieser Narr, was treibt und schreit er denn so?
DIE FRAU *ohne aufzublicken*: Tja, das ist ein Künstler. Er will sich erneuern und hat keinen Pfennig!
DER KRITIKER *verblüfft*: Komisch! ... Ein Künstler ... Unmöglich! ... Seit zwanzig Jahren arbeite ich gründlich an diesem wunderbaren Phänomen und erkenne es nicht. *Er betrachtet den* KÜNSTLER *mit archäologischer Neugierde.* Das ist ein Verrückter! Oder ein Marktschreier! ... Will sich erneuern! ... Aber die Schöpfung ist eine ernste Angelegenheit. Ein Kunstwerk entsteht auf natürliche Weise, in der Stille und in der Sammlung, so wie das Singen der Nachtigall. ... Der Geist in seiner Eigenschaft als Geist, sagt Hegel ...

DIE FRAU *frech*: Wenn Sie wissen, wie man es macht, warum sagen Sie es ihm dann nicht? ... Der Arme ... Er tut mir leid ...
DER KRITIKER *steif*: Seit Jahrhunderten sagt die Kritik dem Künstler, wie man ein Kunstwerk macht ... Weil die Ethik und die Ästhetik Funktionen des Geistes sind ...
DIE FRAU: Und Sie, haben Sie noch nie eines gemacht?
DER KRITIKER *sprachlos*: Ich? ... Ich nicht!
DIE FRAU *mit einem maliziösen Lächeln*: Und was ... Sie wissen, wie man es macht, und machen es nicht. Sie sind ein Neutraler. Wie langweilig Sie sind, ab ins Bett!
Sie schminkt sich weiter.
DER KÜNSTLER *immer noch voller Leid, ringt die Hände, geht hin und her*: Der Ruhm! Ah! Der Ruhm! *Reckt die Fäuste.* Ich bin stark! Ich bin jung! Ich kann mich allem stellen! ... O göttliches elektrisches Licht! ... Sonne ... Die Masse elektrisieren, entzünden! Sie beherrschen! ...
DIE FRAU *die ihn mit Sympathie und Mitleid betrachtet*: Armer ... Ohne Geld ...
DER KÜNSTLER *getroffen*: Ah! Ich bin verletzt! Ich kann nicht mehr widerstehen! *Zur* FRAU, *die ihn nicht hört*: Oh! Eine Frau! *Zum* KRITIKER, *der die ganze Zeit über Bücher aufnimmt, wieder hinlegt, sie durchblättert oder aufschneidet*: Sie! Ihr, mein Herr, helft mir, wenn Ihr ein Mann seid ... Helfen Sie mir!
DER KRITIKER: Langsam ... Unterscheiden wir. Ich bin kein Mann, sondern ein Kritiker. Ich bin ein Mann der Kultur. Der Künstler ist ein Mensch, ein Sklave, ein Kind, also irrt er sich. Das Ich erkennt sich nicht selbst. Seine Natur ist das Chaos. Zwischen der Natur und dem Künstler gibt es den Kritiker und die Geschichte. Die Geschichte ist Geschichte, das heißt eine subjektive Tat, was so viel heißt wie: die Tat, das heißt Geschichte. Sollte sie aber objektiv ...
Bei diesen Worten fällt DER KÜNSTLER, *der erstaunt zugehört hat, wie vom Blitz getroffen in die Kissen.* DER KRITIKER *bemerkt es nicht, sondern geht langsam zurück zu seinem Tisch, die Bücher zu Rate zu ziehen.*
DIE FRAU *springt bestürzt auf*: Mein Gott! Der arme Junge stirbt! *Sie kniet sich neben den* KÜNSTLER *und streichelt ihn vorsichtig.*

DER KÜNSTLER *zu sich kommend*: O, gnädige Frau! Danke! ... O, die Liebe ... vielleicht die Liebe ... *Immer lebhafter:* Wie schön Sie sind! Hören Sie ... Hören Sie mir zu ... Wenn Sie wüßten, wie schrecklich dieser Kampf ohne Liebe ist! ... Ich will lieben, verstehen Sie?

DIE FRAU *rückt von ihm ab*: Mein Freund, ich verstehe Sie ... aber jetzt habe ich keine Zeit. Ich muß gehen ... Ich bin verabredet mit meinem Freund ... Er ist gefährlich ... Er ist ein Mann, das heißt in einer sicheren Position ...

DER KRITIKER *äußerst verlegen*: Was geht hier vor? ... Ich verstehe nichts mehr ...

DIE FRAU *irritiert*: Schweig, Verrückter! Sie verstehen nie etwas! Kommen Sie! Helfen Sie mir, ihn aufzuheben! Man muß ihm diesen Knoten aufbinden, der schnürt ihm die Kehle zu.

DER KRITIKER *äußerst verlegen*: Einen Augenblick noch ... *Er legt das Buch vorsichtig auf den anderen Teil des Stuhles)*. Hegel ... Kant ... Hartmann ... Spinoza ...

DIE FRAU *ist bei dem Jungen und schreit irritiert*: Beeilen Sie sich! ... Kommen Sie endlich, helfen Sie mir beim Aufknöpfen.

DER KRITIKER *unterbrochen*: Was haben Sie gesagt?

DIE FRAU: Kommen Sie her! ... Haben Sie Angst? ... Hierher ... hier hinten ist ein an seinen Idealen sterbender Künstler ...

DER KRITIKER *nähert sich mit extremer Vorsicht*: Man weiß nie genau! Ein impulsiver ... Einer voller Leidenschaft ... außer Kontrolle ... ohne Kultur ... im Allgemeinen sind mir die Toten lieber. Ein Künstler muß ... *Er stolpert und fällt unglücklich über den* KÜNSTLER *und trifft ihn mit dem Papiermesser genau an der Kehle.*

DIE FRAU *schreiend und wütend*: Idiot! Mörder! Sie haben ihn umgebracht. Sie sind ja ganz rot von Blut!

DER KRITIKER *richtet sich noch unglücklicher auf*: Ich, gnädige Frau? Wie? ... Ich verstehe nicht ... Rot? ... Rot? ... Bei Ihnen handelt es sich um einen Fall von Farbenblindheit.

DIE FRAU: Genug! Genug! *Sie geht zu ihrem Toilettentisch zurück.* Es ist spät, ich muß gehen! *Im Gehen:* Armer Junge! Er war vornehm und sympathisch! *Ab.*

DER KRITIKER: Das begreife ich nicht. *Er betrachtet lange aufmerksam den toten* KÜNSTLER. Bei Gott! Er ist tot! *Er nähert sich, ihn im*

Blick haltend. Der Künstler ist tatsächlich tot! Ah! Er atmet. Ich werde eine Monographie schreiben. *Er geht langsam zu seinem Tisch. Er zieht aus einer Schublade einen ein Meter langen Bart und befestigt ihn an seinem Kinn. Setzt sich eine Brille auf, nimmt Feder und Papier und sucht etwas in seinen Büchern, was er aber nicht findet. Das erste Mal ist er irritiert und haut mit den Fäusten auf den Tisch und schreit:* Die Ästhetik! Die Ästhetik! Wo ist die Ästhetik? *Als er sie findet, drückt er das große Buch wollüstig an die Brust.* Ah, da! *Er hüpft zu dem toten* KÜNSTLER *und hockt sich neben ihn wie ein Rabe. Er betrachtet die Leiche und schreibt. Er spricht dabei mit hoher Stimme:* Um 1915 blühte ein wunderbarer Künstler in Italien ... *Er zieht ein Maßband aus der Tasche und mißt die Leiche.* Wie alle Großen war er 1,68 hoch, breit ...
Der Vorhang fällt, während er spricht.

Boccioni

PARALLELEPIPEDON

Ein leeres Zimmer. Auf dem Boden eine Matratze in parallelepipedonischer Form. In einem Teil ein geschlossener Vorhang.
DIE DAME IN SCHWARZ *tritt ein, der Herr dieses Zimmers,* EIN DICHTER, *folgt ihr*: Daß wir uns richtig verstehen. Ich bin nicht die Frau, die in das Liebesnest eines Jünglings mitgeht. Ich bin eine Intellektuelle und neugierig auf das Haus des rätselhaften Dichters.
DER DICHTER: Wo denken Sie hin! Das ist selbstverständlich!
DIE DAME *sieht sich um*: Wo schreiben Sie?
DER DICHTER: Auf dem Boden.
DIE DAME: Wo essen Sie?
DER DICHTER: Auf dem Boden.
DIE DAME *betrachtet die Matratze*: Und Sie schlafen auf dem Boden. Sehr schlicht. Aber was für eine seltsame Form ihr Lager hat!
DER DICHTER: Parallelepipedonisch.
DIE DAME *berührt den Vorhang*: Und hinter diesem Vorhang ... die Toilette?!
DER DICHTER *mit Überraschung, ironisch*: Haben Sie Möbel? Parallelepipedon. *Er zieht den Vorhang beiseite; es erscheint ein glatter vertikal aufgestellter Sarg. Er öffnet den Deckel wie eine Schranktür. Im Inneren sieht man einen Hut, einen Mantel, ein Paar Hosen aufgehäuft; auf dem Boden zwei Schuhe.* Solange ich auf den Beinen bin, wird er auch auf den Beinen sein. Wenn ich schlafe, reicht mir der Boden: weich, wie Sie sehen.
Er deutet auf die Matratze.
DIE DAME: Schon. Das ist eine merkwürdige Angelegenheit. Und diese Matratze?
DER DICHTER: Ganz besonders weich.
DIE DAME: Wolle?
DER DICHTER: Haar. Frauenhaar. Haar von allen meinen Frauen.
DIE DAME: Donnerwetter. Sie rupfen sie aber gut, Ihre Hennen!
DER DICHTER *umfaßt die Dame in plötzlicher Hitze an der Taille*: In der Hoffnung, eines Tages, den Adler zu rupfen!
DIE DAME *großer Ausbruch*: Halt! Ich werde die sein, die Sie rupft!

Sie schließt die Tür. Jetzt müssen Sie alles machen, was ich will! *Sie führt ihn dicht an den Sarg, dann reißt sie Hut, Mantel, Hosen und Schuhe heraus.*
DER DICHTER: Befehlen Sie!
DIE DAME *als ob sie eine hypnotisierende Gewalt über den Mann ausübt*: Faß an! *Sie zwingt ihn, den Sarg hinzulegen.*
DER DICHTER: Und jetzt?
DIE DAME: Und jetzt – BIN ICH DER TOD. Keine Geschichten! Und jetzt steigen Sie da hinein.
DER DICHTER *mit einem letzten Hoffnungsschimmer*: Mit Ihnen?
DIE DAME: Das wird man sehen!
Der Mann steigt in den Sarg und ist dort wie vom Blitz getroffen. DIE DAME *schließt den Deckel, zieht den Schlüssel ab und steckt ihn in ihre Tasche. Dann entfernt sie sich leise.*

Buzzi

WÖRTER
Vermutungen

DIE MENGE
EIN PFÖRTNER
Vor den Türen eines Regierungspalastes; Regierung oder Justiz, Parlament oder Börse. Vor dem Eingang ein alter, weißer PFÖRTNER. *Vorn ist die Menge, die redet und debattiert; Spannung und Diskussionen.*
HEUTE HAT DIE MENGE EINEN UNWIDERSTEHLICHEN WILLEN; *ein fremdartiger Einfluß flüstert irgend etwas aus ihren unzähligen Mündern: eine unaufhaltsame Irritation legt sich über alles, über die schwer zusammengepreßte Luft und das Schwarz der Felsenmauern des Palastes zieht sich eine enorme Müdigkeit; der Wille von Tausenden gerät ins Stocken, schlägt sich und fällt nach unten, ruiniert und geschluckt.*
Das Leben auf dem mit Konflikten überfüllten Platz scheint von innen heraus eine bestimmte Richtung zu nehmen; tausend Blicke treffen den PFÖRTNER, *der blaß und betreßt das Tor versperrt.*
DIE MENGE *von verschiedenen Punkten*:
– Und warum SEIT ich hier bin...
– So. Und vor FÜNFZIG JAHREN nicht...
– Sagte er, was ERWARTEST DU...
– Hier ist ETWAS, das nicht geht...
– Er sagte mir AN DER TÜR...
– Welcher Tür...
– An der Tür EINES PALASTES...
– Ach, DER doch nicht...
– Das geht DICH TATSÄCHLICH nichts an...
– Ich bin daran NICHT INTERESSIERT...
– nicht HEUTE, nicht morgen...
– Was WILL ICH denn sagen...
– Sags doch...
– DIR gerade nicht...
– Man muß EIN ZIEL haben...
– Soll er doch ANBIETEN, WAS er will...

- Das kann doch nie ERREICHBAR sein …
- Was IST es denn, WAS Du willst …
- WILLST DU hier noch lange so …
- Da muß man ja STERBEN vor Lachen …
- Sagst du, STIMMTS, stimmts nie …
- So rasch BIST DU MÜDE …
- Jetzt sinds schon FÜNFZIG oder ein …
- Und die JAHRE vergehen …
- Sie sagen IMMER einen Satz …
- Wirf sie AUF DEN Haufen …
- Nicht mehr auf ihren FÜSSEN …
- Dann sagst du, SETZ DICH nicht …
- Dann sitzt er ENDLICH doch
- FÜR wen redest du denn …
- IMMER, immer geht es so …

DER PFÖRTNER *schwankt und fällt von einer fremden überraschenden Übelkeit gepackt zu Boden.*

Chiti

KONSTRUKTIONEN

Eine Straße. Es ist Nacht. Lärmend kommen viele Leute, unruhig und eilig. Zwei Männer halten einen jungen, eleganten, blutleeren TOTEN *im Arm, dem ein großes Messer in der Brust steckt. Sie legen den* TOTEN *hin und neigen sich zu ihm; die anderen gehen um den* TOTEN *herum und reden laut und aufgeregt:* Ist er tot? Tragt ihn hier weg. Wer ist es? Was war los? Was ist passiert? *Dann zerstreuen sie sich in alle Richtungen; zuletzt die beiden Träger.* DER TOTE *bewegt sich, seufzt und murmelt:* Ich bin tot! ... *Er steht auf.* Ah! Ah! *Er kniet sich hin und schreit schmerzvoll:* Hilfe! Hilfe! ...
DER MÖRDER *kommt angerannt, ein betrunkener Arbeiter. Er geht zu dem* TOTEN; *er zögert einmal, dann noch einmal, während jener taumelnd aufgestanden ist und sich stöhnend nähert:* Du hast mich umgebracht! Ermordet! DER MÖRDER *zieht ihm das Messer aus der Brust und schreit:* Da! Nimm das! Und das!
DER TOTE *bricht in Gelächter aus.* DER MÖRDER *steckt das Messer wieder in seine Tasche und grinst:* Du Hund! Feigling! DER TOTE *lacht, als ob es ihn fast zerreißen müßte.*
DER TOTE: Wenn ich dir das geglaubt hätte, dann hätte ich mir keinen Witz darüber erlaubt; ich hätte vorsichtiger sein sollen.
DER MÖRDER: Ich habe das Messer aufgeklappt und gespürt, daß es kalt war.
DER TOTE: Schade! Du hast mir meinen Anzug kaputtgemacht: er war gerade heute frisch gereinigt.
DER MÖRDER: Hast du die Klinge glitzern sehen? Ich habe extra auf die Tasche gezielt. Es tut mir leid, daß ich einen so schönen Anzug zerstört habe.
DER TOTE: Ich habe Blut in den Taschen und Schuhen. Um das sauberzukriegen, reichen Wasser und Seife, stimmts?
DER MÖRDER: Besser Wein und Seife.
DER TOTE: Bravo!
DER MÖRDER: Ich schwör dir, dieses schöne rote Blut auf dem Hemd macht mir Durst.

DER TOTE: Du kannst es trinken, wenn du willst. Was solls, du hast mich ja sowieso erstochen.
DER MÖRDER: Als es spritzte, hatte ich die Vorstellung, ein Faß anzustechen.
DER TOTE: Wieviel Schritte habe ich gemacht?
DER MÖRDER: Ich habe sie nicht gezählt.
DER TOTE: Ich habe über dich gelacht, aber ich schwör dir, ich habe gedacht, daß es elf geschlagen hat und ich zu spät war.
DER MÖRDER: Ich habe gedacht, daß diese Laterne zu niedrig hängt und daß man sehr gut in dieses Haus gehen kann.
DER TOTE: Dieses Messer ist doch neu. Ich habe es vorher noch nie bei dir gesehen.
DER MÖRDER: Im Gegenteil, ich hatte bereits das Vergnügen, es auszuprobieren.
DER TOTE: Es schneidet sehr gut; weißt du?
DER MÖRDER: Ich weiß, ich weiß ...
DER TOTE *und* DER MÖRDER *trinken und reden aufgeregt in einer Gaststätte. Eine jener gewissen Diskussionen, wo ein unvermeidlicher* TOTER *mit einem unvermeidlichen* MÖRDER *redet. Eine dieser bekannten gewöhnlichen Diskussionen, in denen das Leben seine überraschende Genialität am Unwissenden bezeugt.*

Chiti

PAROXYSMUS

Ein Salon. Eine DAME *schaut auf die Uhr, während ein junger* HERR *ungesehen in der Tür auftaucht.*
DIE DAME *seufzt.*
DER HERR: Ich bin da.
DIE DAME *dreht sich um*: Um Punkt sieben, mein Lieber: erstaunlich pünktlich. *Sie geht ihm entgegen.* Guten Abend.
DER HERR *immer noch am Ausgang*: Guten Abend.
DIE DAME: So küß mich! *Nachdem sie ihm den Arm um die Schultern gelegt hat.*
DER HERR: Nein.
DIE DAME: Was hast du denn? Böser, laß mich nicht leiden!
DER HERR: Und warum lachst du nicht?
DIE DAME: Weil ich dich lieb habe.
DER HERR: Und warum hast du mich lieb?
DIE DAME: Deshalb.
DER HERR: Du bist eine Puppe, an der man die Gefühle an Fäden ziehen kann.
DIE DAME: Böser, Böser! Ich danke dir noch einmal für deine wirklich unerwartete Pünktlichkeit ...
DER HERR: Danke der Zivilgarde, daß sie mich zu dir gebracht hat.
DIE DAME: Wie?
DER HERR: Ich habe mich heute abend verirrt.
DIE DAME: Wo hast du gesteckt, sag es mir?!
DER HERR: In der UNENDLICHKEIT.
DIE DAME *ein bißchen verloren, läutet mit der Klingel.*
DER HERR: Ich bin da; es ist ganz unbegreiflich. *Setzt sich auf ein Sofa.*
DIE DAME *zum* ZIMMERMÄDCHEN, *das gekommen ist*: Anetta, bereiten Sie alles vor und halten Sie sich bereit.
DER HERR *zum* ZIMMERMÄDCHEN: Anetta, decken Sie das Dach ab, mir ist heiß! DAS ZIMMERMÄDCHEN *geht ausdruckslos ab.*
DIE DAME: Mein Geliebter, hast du mir denn nichts zu sagen, nicht

einmal ein Kuß? Machst du dich über mich lustig?! *Sie setzt sich in einen Sessel.*

DER HERR *ohne ihr zu antworten*: Heute abend kann ich nicht laufen, ich habe gelernt mich auszudehnen.

DIE DAME: Beruhige dich, Geliebter; was ist dir passiert, sage es mir?! Denk an unsere große Leidenschaft; was ist jetzt mit unserer großen Liebe!!

DER HERR: Eine Katze.

DIE DAME: O, du machst dich lustig!

DER HERR: Nein. Ich will in die Wahrheit, die ich gespürt habe, eintreten. *Er spricht von hier ab, ohne sie anzusehen.*

DIE DAME: Welche Wahrheit?

DER HERR: Schau, du verstehst mich nicht; aber ich werde dir sagen, was mir Schrecken bereitet: die Straße, die zu dir führt, ist aus Stahl: wenn dieses Haus sich kristallisiert im Raum, ist es von einer entsetzlichen Unbeweglichkeit: die hundert Treppen, die zu dir führen, sind immer hundert Treppen. Du bist immer dieselbe: immer gleich wie ein anatomisches Exemplar. Du weinst wie eine Flasche; du kannst nicht anders küssen als mit zwei Lippen; du hältst zwei engherzige Arme bereit, mich zu umarmen: Ich weiß nicht mehr, ob ich dich liebe oder den Stuhl, in dem du dich zurücklehnst. Das alles ist sehr mittelmäßig.

DIE DAME: O, du bringst mich noch um! *Schluchzen.*

DER HERR: Da! Warum bist du heute abend nicht gestorben? Wir haben gesagt »um sieben hier« und wir finden uns hier genau so zusammen wie die zwei Schneiden einer Schere; ich finde dich ruhig, unglaublicherweise, berührbar, wahr und sinnlich. Sag mir, warum kannst du dich nicht auflösen, warum kannst du hier sein und nicht hier sein, warum kannst du nicht den Raum ausfüllen, dich nicht maßlos in der Zeit ausdehnen? Ich habe begonnen, das Blau zu trinken. Du kannst mich nur mit deinen Augen ansehen und nicht wie irgendein Ozean, der deine stählerne Straße einreißen kann...

DIE DAME: Was erzählst du da? Was erzählst du da? *Sie befindet sich erschreckt und irritiert nah bei der Tür.*

DER HERR: Spring in den Äther, wenn du kannst! Ich habe die Wahr-

heit erkannt, meine Liebe! Wir befinden uns hier in einem Bild, in dem die Formen in einer einzigartigen Weise entworfen und für immer verfestigt sind: dem will ich entrinnen! *Er ist aufgestanden.* Das Leben ist nur ein Strich, eine verstümmelte Geste, ohne jede Hoffnung auf Entwicklung. Schau, selbst die Standuhr zeigt auf sieben, weil vier und drei sieben ergeben m ü s s e n : ist aber das hier möglich? *Er öffnet die Arme und bewegt sich auf ein Fenster zu.* Da! Die unendliche Geste! Eine unendliche Parabel werden! Dem hier will ich entrinnen! *Er springt auf ein dem Fenster nahes Tischchen.* Sieh das Blau, der Zenit hier ist verschwunden! Ich deh- *Er springt aus dem Fenster und redet im Fallen weiter:* ne mich aus! *Er ruft:* Ich dehne mich aus in der Unendlichkeit ... *Aufprall eines Körpers auf dem Pflaster.*
DIE DAME *ist weggegangen oder geflohen.*

Chiti

FARBEN
Abstrakte theatralische Synthese

Ein sehr leeres Zimmer kubisch-blau. – Kein Fenster – Türrahmen.

VIER
ABSTRAKTE
INDIVIDUALITÄTEN
mechanische Bewegungen an unsichtbaren Fäden.

1. GRAU, ovoid-dynamisch dunkelgrau, plastisch
2. ROT, polyedrisch-dynamisch rot, plastisch, dreieckig
3. SEHR WEISS, länglich scharfer Punkt, dynamisch-plastisch, weiß
4. SCHWARZ, vielfach, schwarz

SCHWARZ *gutturale sehr tiefe Stimme* To com momomo dom pom grommo BLOMM uoco
DLONN

    don do-do-do   no
    nonno do do   no
    mommo dommo   no
    dollomo – dom   no

Mom
mom **BLOM**   no
mom   no

BLOM – BLOM – BLOM *sehr gedehnt*
WEISS *scharfe, dünne Stimme – ZINN –*
FINN fin ui tli tli dlinn dlinntiflinni
   tli tli uuuuuuu   i i i i i i i i i
nin sin tin clin iii   i i i i i i i i i
zinz zinz dluinz pinnnzzz   pinnnzzz
                     pinnnzzz
                     pinnnzzz
                     pinnnzzz

SCHWARZ – Blom Blommo Blomm
GRAU *winselnde Stimme* – Bluma dum du
clu umu
 fublù
  flù flù
   flù flù … blù … blù

bulubù bulù bulù bulù bulù bulù
bulù bulù bulù bulù bulù bulù
fulù bulù bulù *sehr gedehnt*
ROT *schreiend, zerschmetternd* – SORKRA
    TI BOMTAM CÒ
      TE' TO' LICO'
        TUIT TUAT TUE
          tui iiiiiliutautautak taut
TATATATATA TROK – PLOK

                                        tititònk
                                        tititànk
                                        tititènk
PATONTA'   Klo-klo-klo-klo-klo-klo
TRAIO'   TORIAAAKRAKTO
kurze Pause
SCHWARZ und GRAU *zusammen.*
Jeder wiederholt seine entsprechenden freien Wörter.
Jeder wiederholt seine entsprechenden freien Wörter.
SCHWARZ und GRAU *zusammen.*
EIN PFIFF

                                                      Depero

MIR SCHEINT, ES WÄRE RICHTIG, ES SO ZU MACHEN

Undefinierbarer Bühnenhintergrund. – Auf der Bühne sitzen von links nach rechts ein PHILOSOPH, *ein* DICHTER, *ein* POLITIKER *und zwei* VERLIEBTE.

DER PHILOSOPH *Brille, Bartlänge 95 cm*: Was für eine Menge Steine sehe ich da vor mir, das ist die Logik des Lebens; ohne sie könnte ich nicht leben, ich will ihr auf den Grund gehen und sehen, woraus sie besteht.

DER DICHTER *sehr jung, blaue Augen*: Ah! Was für eine enorme Masse sehe ich da vor mir! Das ist erdrückend! Nimmt mir den Atem! Ich will sie zerstören. Die Logik hat keine Begründung für ihre Existenz! Die Menschen könnten ohne sie leben, einfach singend!

DER POLITIKER *schwarze Augen, stechend, einen Meter Bauch*: Diese enorme Masse, die ich vor mir sehe, ist der Staat und die Gesellschaft. In ihr reiben sich in einem furiosen Kampf Leidenschaften, Gefühle, Ideen. Mein Auftrag ist es, alles zu verschmelzen, für Zustimmung zu sorgen und ... Anpassung.

DIE ZWEI LIEBENDEN *küssen sich, lächeln und flüstern zärtliche Worte.*
IRGENDEINER *tritt von hinten auf, in einer Hand eine Kerze, in der anderen Streichhölzer. Er schaut. Er sieht die fünf Sitzenden, zündet mit einem Streichholz die Kerze an, wiederholt es zwei- oder dreimal*: Mir scheint, man müßte es so machen. *Dann verteilt er an jeden eine Kerze und eine Schachtel Streichhölzer. Alle machen fünf- oder sechsmal ihre Kerze an und aus und murmeln dabei überzeugt vor sich hin*: Es ist richtig, man müßte es so machen! *Sie gehen tänzelnd mit ihrer brennenden Kerze in der Hand ab,* IRGENDEINER *folgt ihnen. Dunkel.*

Dessy

DIE MASCHINEN-SINNLICHKEIT

Szene: 5 Flächen aus Metallplatten: die 2 ersten schwarz – in der Mitte grau und die letzte weiß. Sie sind perspektivisch aufgestellt; in der Mitte der Bühne ist eine rote Spirale (DER GEIST), *die bis zum Schnürboden reicht;*
rechts befindet sich ein sehr großer weißer Würfel (DIE MATERIE).
Links sind verschiedene bunte geometrische Figuren, die zu einer Art Maschine verbunden sind (DIE TAT).

Wenn die Stimme von der Spirale her kommt, erleuchtet sie die ganze Bühne mit rotem Licht und bewegt sich in einer unendlichen Windung aufwärts;
wenn die Stimme aus dem Würfel kommt, verbreitet er weißes Licht und dreht sich immer exakt um seinen Mittelpunkt;
wenn die Stimme von der Maschine her kommt, verbreitet sie ein gelbes Licht und bewegt sich in rhythmischen Vibrationen wie ein Räderwerk;
während die drei Figuren sich nur dann bewegen, wenn sie sprechen, bewegen sie die 5 Metallplatten leicht und kontinuierlich, so daß der Eindruck einer räumlichen Veränderung entsteht.
Beim Aufgehen des Vorhangs bewegen sich die Platten und die Spirale: die Bühne ist in ein tiefes Rot getaucht;
Ventilatoren blasen von drei Seiten eine sehr kühle Luft in den Saal.
Unter einem kaum wahrnehmbaren Geräusch von metallischen Dissonanzen ertönt die harte, männliche, sehr klare Stimme der SPIRALE:

R Ti r		– die Menschen sind	R ti r
R ta r		von der maschinellen Entwicklung auf-	R ta r
R tum r		gesogen worden. Konstruktive Notwen-	R tum r
R ti r		digkeit des Geistes, dem sinnlichen	R ti r
R ta r		Befruchter des Raumes. Glut der	R ta r
R tum r		menschlichen Abrechnungen, die auf der	R tum r

R ti r	mit Zukunft gepflasterten Straße das	R ti r
R ta r	»Ich« vernichten. Alles ist geometrisch –	R ta r
R tum r	klar – unabdingbar: Herrlichkeit des künstlichen Geschlechtes, das nur zur Schönheit noch die Geschwindigkeit besitzt –	R tum r

Das Licht verlöscht; die Spirale, die Geräusche und die Ventilatoren halten an.
Weißes Licht – die Kreisbewegung des Würfels – absolute Stille – normale Temperatur.
DER WÜRFEL *mit weiblicher, sehr süßer Stimme:*

> – meine jungfräuliche und weibliche Materie verlangt nach Liebe. Ein überwältigender Wunsch, sich in die Arme des Geistes zu werfen, damit er mir Kraft gibt – Bewegung – Beweglichkeit –

Das weiße Licht erlischt – der Würfel hält an.
Gelbes Licht – maschinelle rhythmische Bewegung – der normale Lärm – die normale Temperatur.
DIE MASCHINE *mit immer gleicher Stimme ohne Nuancierungen:*

VRUMM	– in der Aktion leben, um zu produzieren,	VRUMM
Ta	zu verändern, sich zu steigern; die Welt	Ta
Ta	zieht in ihre unersättlichen Lungen den	Ta
VRUMM	Sauerstoff der Maschinen ein und singt	VRUMM
Ta	lauter!	Ta
Ta		Ta

Das gelbe Licht erlischt – Maschine und Geräusche halten an – Ein Augenblick im Dunkel.
Simultan: Rote Lichter, gelbe und weiße – sehr starke Geräusche – Bewegungen der Spirale, des Würfels und der Maschine – die Ventilatoren blasen eine sehr warme Luft ein.

```
   VRUM   TI  TA       PUM      TA    TI    PUM      TI
                   TA                                    TA
 TA                                                        TA
 TA              – schnell, schneller, ich muß mich        TA
 TA              von der ZEIT befreien – springen,        PUM
 TA                springen – SPRINGEN! –                  TA
    TI TI     PUM      PUM      PUM    PUM    RUM    TA
      TA
```

                                                        Fillia

SCHATTEN + PUPPEN + MENSCHEN

Irgendein Zimmer in irgendeinem Land. Ein Diwan und Sessel von durchschnittlichem Geschmack. Im Hintergrund Wände: alle aus milchigem Glas, in der Mitte eine gläserne Tür. Prunkvolle Beleuchtung. Mitternacht.
Job
Maxim
Signorina Blù *treten Arm in Arm herein.*
Maxim *aufatmend*: Endlich. Endlich angekommen. Das abgelegene Haus. Die ersehnte Provinz.
Job: Drei Jahre auf Achse um die Welt.
Ocean-Liner
Schnellzüge
Telegraphen
Hotelhallen
Ein permanenter Purzelbaum. Kein Ausatmen, kein Anhalten. Ein ständiger Taumel von einem Wunder zum nächsten.
Blù: Ach, diese Stille. Auf einer glitzernden Schiene glitten wir immer dem Neuen und Phantastischen zu.
Maxim: Jetzt aber fängt das ruhige Leben an.
Ausruhen
  ausruhen
    und ausschlafen
Job: Ich und Signorina Blù werden hier heiraten und uns in dieser Abgeschiedenheit, fern aller Straßen, eine Laubhütte errichten. Sogar die Küsse hat das schnelle Leben gestohlen. Für die rastlose Freude gibt es nur Einzelbetten, um auszuruhen. Aber hier …
Maxim: Ich werde eurer Glückseligkeit beim Wachsen zuschauen, weil ich, wie ihr wißt, einer dieser kleinen Alten bin, die sich hinter ihren Fenstern verschanzen und mit plattgedrückten Nasen durch die Scheiben dem Lauf der Welt zusehen.
Job: Sie sind unser Gefährte. Es ist uns dreien zusammen im Grunde gut gegangen, sogar in einem amerikanischen Fahrstuhl und in einer japanischen Hütte mit durchsichtigen Wänden. Ich

weiß, daß Sie uns nicht stören. Alle meine Nerven entspannen sich, gleichmäßig und ruhig. Das hier ist die große Rast, die man nicht mehr verläßt. Keine Nostalgie, keine Sehnsucht mehr nach dem Taumel.
BLÙ: Das Feuer, der Garten, die Ruhe. Die Seele nimmt ihre Gedanken wieder auf und spiegelt sie wie im Wasser eines Sees. Heiterkeit ist der Boden meiner Existenz.
MAXIM *auf dem Diwan*: Ausruhen, ausruhen.
JOB *auf einem anderen Diwan*: Nach so viel Lachen und Springen auf dem Trampolin der Vergnügungen werde ich mich in ein einfaches Gewand kleiden.
BLÙ: Wieviel Rot habe ich getrunken. Eine violette Elektrizität hat die Augenblicke einer ewigen Flucht beleuchtet. Aber jetzt etwas von einem Amethysten, ein wenig Rosa in mein Leben. Ich bin eine kühle Jungfrau aus murmelnden Gärten. *Sie setzt sich in einen Sessel in der Mitte der Bühne.*
Stille.
Das Licht wird schwächer. Dunkel im Zimmer.
Das Leben des Traumes beginnt.
Von vorn erscheinen drei Marionetten, irgendwelche Puppen.
Eine ist rot gekleidet, eine grün, die andere gelb.
Hinter der rückwärtigen Glaswand erscheinen drei Schatten unterschiedlicher Größe.
Befremdliche Rezitation der drei Schlafenden, als hätten sich ihre Stimmen verändert.
Langsame Bewegungen.
MAXIM *hebt eine Hand*: Eins, zwei, drei, zehn ... zwanzig Jahre.
Zwei Schatten verschwinden. Der längste Schatten bleibt und bewegt sich, während der Alte spricht. Die rote Marionette bewegt Arme und Beine rhythmisch.
Wenn ich noch stark wäre, wieviel Freuden würde ich an mich reißen. Ich hege gefährliche Sehnsüchte, die mich verrückt machen.
Der Schatten verschwindet. Die Marionette steht still.
BLÙ: Eine Jungfrau?! *Der kleinste Schatten entfernt sich und kommt wieder näher. Die grüne Marionette bewegt sich schrittweise.*
Aber wer hat denn gesagt, daß ich eine Jungfrau bin?

Der Schatten löst sich auf. Die Marionette steht still.
JOB *erhebt sich*: Nein.
Der mittlere Schatten öffnet und schließt die Arme. Die gelbe Marionette bewegt sich von einem Bein auf das andere.
Das ist nicht wahr. Ich habe nicht angehalten. Warum sollte ich anhalten? Zum Teufel mit dieser heiteren und ruhigen Glückseligkeit. Ich bin ein Zyniker, reichlich verrückt und reichlich gewalttätig. Was kümmert mich die Erziehung.
Der Schatten löst sich auf. Die Marionette, unbewegt.
MAXIM *steht auf und läuft um seinen Diwan herum*: Zerstören, zerstören, zerstören.
Spiel seines Schattens, Bewegung der roten Marionette.
Ich habe es immer so gemacht, ohne mich jemals im Spiegel zu betrachten. Nicht einmal ich habe mir selber auf den Grund sehen können. Ich habe die Maske berührt und zu mir gesagt, du bist ein Menschenfreund, du bist fröhlich, du bist tolerant, du bist gleichgültig. Aber ich habe mich geirrt, denn sobald ich die Möglichkeit hatte, habe ich mit Händen und Füßen und mit Schläue das Glück der anderen zerstört.
Der Schatten verschwindet. Die Marionette hält an.
BLÙ *zieht sich aus*: Wieviel Schamgefühl sich in mir angesammelt hat.
Der kleinste Schatten dreht sich. Die grüne Marionette nimmt ihre Bewegungen auf.
Dabei bin ich eine Frau, die sich danach sehnt, vollkommen nackt vor der Menge zu stehen.
MAXIM *unbeweglich, mit bebender Stimme und ausgestreckten Händen*: Diese Hände.
Der lange Schatten am Fenster. Die rote Marionette in Bewegung.
Diese Hände, wie wollüstig würden sie sich nach jungem Fleisch sehnen.
Der Schatten versinkt, die Marionette erstarrt.
JOB: In den Theaterfoyers, im Café, zwischen den Bewegungen des lackierten Lebens würden meine Sinne einen Kreis von Verbitterung ziehen, allen raffinierten Dingen gegenüber. Mein Vergnügen würde darin bestehen, das niemals zu bekommen.

Der mittlere Schatten kommt dichter an die Glasscheibe heran. Die gelbe Marionette davor, mit schnellen Bewegungen.
JOB *betrachtet und berührt seine Füße*: Ich weiß nicht, warum mir diese Füße so weh tun. Ach der Staub! So viel überflüssiger Staub!
Verschwinden des Schattens. Gestenlose Marionette.
MAXIM *auf den Knien, während der lange Schatten sich dreht und die rote Marionette sich zu bewegen beginnt*: Nur ein bißchen frische Liebe. Ich bin unverbesserlich lasterhaft.
Der Schatten bleibt an der Scheibe, die Marionette bewegt sich weiter.
JOB: Die menschlichen Geheimnisse aufspüren in allen Schluchten und Rillen, von denen kein Mensch weiß, daß es sie gibt.
Der mittlere Schatten, der bei den ersten Worten aufgetaucht ist, bleibt neben dem anderen. Die gelbe Marionette bewegt sich weiter.
BLÙ: Sich dem zeigen, der mich küssen will.
Der kleine Schatten kommt aus dem Dunkel und stellt sich neben die beiden anderen, still, hinter der Glasscheibe. Die grüne Marionette nimmt ihre Bewegungen wieder auf.
Mich auf einer Terrasse lagern und zuhören, wie einer stirbt und zwei andere sich bis aufs Blut geißeln, um meinetwillen.
    hhelle Farben!
    hheftige Farben!
    wwahnsinnige Farben!
Die drei Schatten im Hintergrund reihen sich auf. Die drei Marionetten bewegen sich mechanisch davor.
MAXIM: Scharf, schärfer, noch schärfer.
JOB: In einem Netz, ohne die Hände bewegen zu können. Schaudern und süß und dümmlich lächeln.
Zwei Schläge an der Tür.
Die Schatten verschwinden.
Helles Licht im Raum.
Die drei schauen sich verwundert an, ohne sich zu erkennen.
Signorina BLÙ *nimmt ein Tuch, um sich damit zu bedecken.*
MAXIM *mit Mißtrauen zu den beiden*: Aber wer sind Sie?
Die rote Marionette fällt zu Boden.
JOB *überrascht:* Ich? Doch wohl eher Sie!
Die rote Marionette fällt zu Boden.

BLÙ: Meine Herren, ich weiß nicht, wieso ich mich in Ihrer Gesellschaft befinde!
Die grüne Marionette fällt zu Boden.
MAXIM: Eine alberne Situation. Ich verstehe das nicht. Heute morgen bin ich aus dem Ocean-Liner ausgestiegen nach dreijähriger Reise.
BLÙ: Ich auch. Trotzdem kenne ich Sie nicht.
JOB: Komisch, zu dritt sind wir also im Ocean-Liner gereist und sind uns nie begegnet.
BLÙ: Vielleicht dieses Leben in Geschwindigkeit...
Lange Schläge an der Tür.
Nach kurzem Zögern öffnet JOB *die Tür.*
Auftritt einer bürgerlichen Familie. DER VATER *lächerlich gekleidet.* DIE MUTTER *eingehüllt in ein altmodisches Gewand.* DER SOHN *mit merkwürdig schleppendem Gang.*
VATER *ernst*: Antonietta, wer sind diese Eindringlinge, die unsere Wohnung bevölkern?
MUTTER *irritiert zu den dreien*: Was ist denn das für eine Art, einfach den Platz anderer Leute zu besetzen?
JOB: Entschuldigen Sie, ich kenne niemanden.
BLÙ: Ich bin Signorina Blù.
MAXIM: Es handelt sich um ein unerklärbares Rätsel.
VATER: Das hier ist ein Landhaus mit einem Garten. Hier ist nichts zu stehlen. Alles hier drin ist sehr billig.
BLÙ: Gute Nacht. *Für sich*: Landhaus... Vorstadt... Garten... die billigen Sachen wegtragen... *Sie geht dem Ausgang zu.*
MAXIM: Was für ein groteskes Abenteuer! *Er bewegt sich dem Ausgang zu.*
JOB: Wenn einer nach einer Reise von drei Jahren anhält, irrt er sich bestimmt in der Straße, wenn er etwas sucht. Und die Schwerkraft läßt ihn ins Unerwartete fallen. Entschuldigen Sie...
MUTTER *beugt sich über die drei am Boden liegenden Marionetten*: Meine Herren! *Die drei drehen sich um. Sie zeigt auf die Puppen.* Was ist das für Zeug?
Die drei kommen zurück.
BLÙ *eine Marionette aufhebend*: Die Marionetten!

VATER: Schnell! Nehmt euer Spielzeug da weg.
BLÙ: ⎫
JOB: ⎬ Unser Spielzeug!
MAXIM: ⎭
JOB: Ich habe nicht einmal als Kind Spielzeug gehabt. Ich bin ein müder Fremdling.
BLÙ: Ich auch nicht. Glauben Sie etwa, daß ich dieses unsinnige Zeug mit mir rumschleppe?
MAXIM: Ein Philantrop wie ich interessiert sich nur für die Menschen.
Verblüffung.

                                                                             Folgore

KRÄFTE

*Das Wort »*ANDREA*« + ein* MÄDCHEN +VATER + MUTTER + FREUND.
*Ein Salon. Drinnen ein kleiner Tisch, in den Sesseln Teegeschlürfe.
Konversation. Heiterkeit. Beim Aufgehen des Vorhangs lachen das*
MÄDCHEN, VATER, MUTTER *und der* FREUND *von Herzen.*
MÄDCHEN *20 Jahre alt; große schwarze Augen, nervös und offensichtlich fröhlicher als die anderen.*
FREUND *als ob er seine Erzählung fortsetzte, die von dem allgemeinen Lachen unterbrochen war*: Ich habe von einem immer scherzenden Freund gesprochen ... ein gewisser ANDREA. *Er lacht.*
MÄDCHEN *brüsker Übergang von einem sehr ausgelassenen Lachen zu einer rätselhaften Ernsthaftigkeit. Plötzliche Spannung der Nerven. Eine peinliche, bedrückende Empfindung.*
FREUND *fährt fort, ohne sich darum zu kümmern. Seine Erzählung wird deshalb instinktiv alogisch. Fataleweise kommt er bei jedem Satz auf den Namen* ANDREA. *Der Name wird zur Obsession*: Er lachte selbst darüber, ANDREA *er lacht,* er hatte sich von der Welt beurlaubt, für ANDREA eine einzige Takelage aus glitzerndem Überfluß, ANDREA immer fröhlich! *Er lacht,* nichts ging voran außer ANDREA ... und er lachte ANDREA. *Er lacht schallend.*
MUTTER +VATER *sehen sich erstaunt an. Sie versuchen, dem zu entkommen. Unter dem Einfluß dieses Namens fühlen sie mysteriöse Dinge auftauchen, fremde Vibrationen beeinflussen die Empfindungen der Darsteller, die heftige, unvorhergesehene Verwirrung stiften im Gefolge von* ANDREA.
FREUND *fährt fröhlich fort*: Das ganze Land wußte von ANDREA. ANDREA wurde eine Synthese aus Spleens, ANDREA Grillen aus Tau im Frühling in einem Delirium aus klaffender Sonne wie ANDREA *er lacht* wie das Lachen von ANDREA, im Hirn ANDREA ... ANDREA. *Er kann vor Lachen nicht weitersprechen.*
MÄDCHEN *atmet wie in einem Alptraum so stark. Offensichtlich verwirrt sie eine ergreifende Erscheinung; die Ahnung einer Idee, die sie nicht fassen kann; alles in allem ein Drama, das in einem versteckten*

Nerv ihrer Gefühle sich abspielt und das sich auf VATER *und* MUTTER *überträgt, die es wissen oder fühlen. Unaufmerksamkeit. Leiden.*
FREUND *fährt lachend fort*: ... die Sonne war unten. ANDREA ich erinnere den Tag nicht genau *lacht* übliche Übungen mit ANDREA endlich erschien ANDREA ganz in rot, die Nasenlöcher weit, oh! ANDREAs Augen lebhaft und stechend ... *Er lacht.*
MÄDCHEN *ganz blaß. Es hört nur noch diesen Namen und spürt ihn in seinen Eingeweiden wie eine Röntgenstrahlung.*
VATER + MUTTER *immer verwirrter, sie meiden, sich anzuschauen. Schauen sich an, dann betrachten sie vorsichtig das* MÄDCHEN, *bedrückt von dieser schrecklichen Wirkung.*
FREUND *fixiert es. Endlich nimmt er es wahr. Er kann sich diese plötzliche Verwirrung nicht erklären. Als sich seine Augen mit denen des* MÄDCHENS *treffen, wird es ohnmächtig.*
VATER + MUTTER *helfen ihm ängstlich.*
FREUND *verharrt in seiner Verblüffung.*

Jannelli

DER LIEGESTUHL

Rechts, in einem Scheinwerfer: eine Staffelei, einige Bilder, ein Malkasten, Palette und Pinsel, ein Schreibtisch voller Bücher, Spielsachen, Blumen und Papier. – ER, Typ moderner Künstler, elegant, betrachtet ab und zu die Bilder, während er schreibt. – Links, im Halbdunkel: ein einfacher Tisch, solide, und ein Schemel, auf dem DER ANDERE *sitzt, eine Figur, die den typisch deutschen Intellektuellen repräsentiert: rötlich, viereckig, bebrillt.*
ER *hebt ein monumentales Bierglas mit duckmäuserischer Gleichgültigkeit und raucht eine Pfeife.*
Einige Sekunden nach dem Aufgehen des Vorhangs geht SIE *(sehr schön, bezaubernd) über die Bühne und lächelt* IHM *zu.* SIE *will hinausgehen und schaut* IHN *einladend an.*
ER *begleitet sie mit dem Blick, bis sie fast verschwunden ist, bleibt einen Moment verzückt stehen und folgt ihr voller Verlangen.*
DER ANDERE *erhebt sich jetzt vorsichtig, geht zur Staffelei, nimmt zwei Bilder und einige Bücher und bringt sie zu seinem Tisch; er scheint unentschlossen zu sein, was er damit anfangen soll, dann löst er die Gemälde aus den Rahmen, verbindet die Leinwände, als wolle er einen Liegestuhl daraus machen, baut mit den Büchern ein Podest für die Füße, nimmt aus der Tasche ein Schild mit der Aufschrift »KULTUR«, befestigt es an dem Stuhl wie eine Patentierung, füllt das Bierglas auf, zündet die Pfeife wieder an und legt sich mit Eroberermiene in den Stuhl.*

Nanetti

FRÜHLING
Dramatisierter Gemütszustand

SOHN *sehr jung, ein Wunder der Natur.*
MUTTER *jung, schön.*
FRÄULEIN *sehr jung, anmutig.*
ZIMMERMÄDCHEN *jung, hübsch, stark.*
Moderner Salon eines herrschaftlichen Hauses. – Im Hintergrund eine offene Glastüre, dahinter eine weite Terrasse und ein Garten. Sonne, Blumen. – Links eine Pforte. Linkerhand der SOHN *auf einem Sofa, schweigend und mit verkniffenem Gesicht. In der Nähe sitzen die* MUTTER *und das* FRÄULEIN *auf Besuch und trinken Tee.*
KINDERSTIMMEN *aus dem Garten*: Dreh dich um, dreh dich um, los ... ah, ah, ah! *Kindliche Freudenschreie.* Ah, ah! *Lachen, darauf Stille.*
MUTTER *lächelnd*: Die armen Kleinen, wie sie sich vergnügen!
FRÄULEIN: Das ist eine Sonne!
MUTTER: Ach, der gute Frühling. Unser Garten steht in voller Blüte. Wir machen heute einen netten Ausflug, am Flußufer entlang. Wir werden Margeriten pflücken.
MUTTER *steht auf*: Ich beneide sie, wirklich ... Erlauben Sie, ich komme sofort zurück ...
FRÄULEIN *dabei, ihr zu folgen*: Aber ich muß doch ...
Die MUTTER *geht zur linken Tür hinaus, sie hört das Ende des Satzes nicht mehr. Das* FRÄULEIN *setzt sich wieder hin, verlegen und umständlich; auf ihr die leuchtenden und entflammten Augen des* SOHNES. *Ein abwartendes Schweigen, fast Angst.*
Der SOHN *nimmt spitzbübisch plötzlich einen Handschuh des* FRÄULEINS *weg.*
FRÄULEIN: Gefällt er dir? Ich schenke ihn dir.
SOHN *mit erhobener Stimme*: Gut, gut, dein guter Geruch ...
FRÄULEIN *steht furchtsam auf*: Ah, ah ah!
SOHN *am Handschuh riechend*: Gut, gut, gut dein Geruch ...
FRÄULEIN *bewegt sich zur Terrasse hin*: Ich muß gehen ... Mir ist kalt ... Grüße die Mama von mir ... Ich entschuldige mich ... Mir ist sehr kalt ...

Das FRÄULEIN *geht hinaus. Der* SOHN *folgt ihr mit animalischen vorsichtigen Bewegungen bis zur Verandatür. Er bleibt da stehen, von wo er sie noch einmal sehen kann, den Handschuh immerzu sorgsam in den ausgestreckten Händen haltend. Er riecht ab und an mit wachsender Erregung daran.*
ZIMMERMÄDCHEN *tritt durch die linke Tür ein*: Was machst du denn da, kleiner Herr? Mein Gott, er betet einen Handschuh an ... Wo hast du denn den her? ... Gib ihn mir ... *Sie versucht, ihn ihm wegzunehmen. Er umarmt sie mit einer instinktiven Bewegung gierig, als er sie neben sich fühlt. Heftiges Gerangel, Mühe freizukommen.*
ZIMMERMÄDCHEN *böse*: Buckliger Kerl ... Marcio ... *Die Tür geht auf. Im Leeren steht die* MUTTER, *sehr blaß.*
MUTTER *sich nähernd*: Was ist passiert?
SOHN *den Handschuh zeigend*: Meins, meins ...
Der SOHN *geht wieder zum Sofa, riecht und beißt entzückt in den Handschuh. Das* ZIMMERMÄDCHEN *nimmt stumm das Tablett mit dem Teeservice, macht eine tiefe Verbeugung zur* MUTTER *und geht ab.*
Die MUTTER *betrachtet den* SOHN *mit großer Zärtlichkeit und voll hoffnungslosem Mitleid.*
Leise und auf Zehenspitzen schließt die MUTTER *die Verandatür und die Pforte mit dem Schlüssel ab, löscht das Licht und hält bei jedem Schritt inne, um zu lauschen.*
Dann wendet sie sich plötzlich dem SOHN *zu, preßt ihn heftig in ihre Arme und küßt ihn inbrünstig.*

Pratella

EIN NORMALER MENSCH

Ein Klappstuhl vor dem geschlossenen Vorhang. Ein MANN *kommt und richtet sich allmählich ein, nachdem er penibel den Sitz mit einem Taschentuch abgewischt hat. Er zündet sich eine Zigarre an, holt eine Zeitung aus der Tasche und öffnet sie sorgfältig, ohne sie zu zerknittern. Er liest. Alle seine Bewegungen müssen sehr langsam sein, bemessen, wie um Kraft zu sparen.*
DICHTER *tritt energisch auf, ohne Hut, mit offenem Kragen; er spricht aufgeregt und seine Bewegungen sind schnell und unruhig*: Entschuldigen Sie, ich brauche Sie.
NORMALER MENSCH *schaut ihn erstaunt an, ohne sich viel zu regen.*
DICHTER: Erschrecken Sie nicht. Ich bin kein Räuber und kein Mörder. Ich brauche Sie, weil Sie ein normaler Mensch sind; das sieht man, spürt und schnuppert Ihre Qualität. Ich brauche eine Person wie Sie, die so gleichgültig, geordnet und uniform ist, um meinen Roman weiterzuschreiben. Ich bitte Sie um Ihre Biographie, weil ich nichts schreiben, nichts erfinden, mir nichts vorstellen kann, was meinem Leben entgegengesetzt ist.
NORMALER MENSCH: Meine Biographie?
DICHTER: Ja, das, was Sie machen, wie Sie leben, was Ihnen im Leben passiert ist.
NORMALER MENSCH *lächelt beruhigt*: Oh, nichts Besonderes. Ich bin für 300 im Monat bei einer Bank angestellt. In vierzig Jahren werde ich in Pension gehen. Ich habe eine Frau und eine Tochter, die bald heiraten wird. Das ist alles.
DICHTER: Aber etwas Großartiges, etwas Außergewöhnliches, ist Ihnen nie etwas zugestoßen? Ein gewaltsamer Tod, ein Erdbeben, ein Eisenbahnunglück.
NORMALER MENSCH: Mein Vater ist mit achtzig Jahren gestorben, meine Mutter mit fünfundsiebzig. Alle beide im Bett und begraben mit kirchlichen Weihen.
DICHTER: Ist das alles? *Indigniert*: Hat Ihre Frau Sie nie betrogen? Ist Ihre Tochter noch nie mit einem Liebhaber durchgebrannt?
NORMALER MENSCH: Meine Frau ist sehr bescheiden, ohneAnsprü-

che; sie bereitet mir das Essen und macht die Wäsche. Meine Tochter staubt vormittags die Möbel ab, nachmittags spielt sie Klavier. Ich stehe um acht Uhr auf, um neun gehe ich ins Büro, um zwölf ist Mittagessen, um sieben Abendessen. Zwischen acht und neun, innerhalb einer halben Stunde, gehe ich ins Bett.
DICHTER: Und immer das gleiche?
NORMALER MENSCH: Immer.
DICHTER: Und Sie leben?
NORMALER MENSCH: Ich lebe.
DICHTER: Aber ich brauche irgendeinen wichtigen Tatbestand, etwas anderes, eine Ausnahme.
NORMALER MENSCH *schreiend*: Au! *Er läßt die Zigarre fallen und springt auf.* Das ist Ihre Schuld; ich habe mich verbrannt. *Er lutscht an seinem Finger.* »Das ist mir noch nie passiert.« *Wütend*: Sakrament!
DICHTER *freudig*: Endlich! Warten Sie, ich muß mir Notizen machen. *Er zieht einen Notizblock heraus, Feder und Tinte und schreibt.*
NORMALER MENSCH *geht wütend und wild gestikulierend ab.*
DICHTER *folgt ihm – schreibend.*

Rognoni

ECCE HOMO

Mitternacht und eine Viertelstunde.
Unter den gleichförmigen verlassenen Eingängen gähnen Lampen ein müdes gelbliches Licht.
Ein MANN *lehnt an einem Fallgitter: alterslos.*
Eine zerlumpte Jacke.
Die Kälte verfärbt sein Gesicht mit Flecken.
Sein Atem wärmt die geschwollenen Hände in den löchrigen Handschuhen nicht mehr.
Er ist vereist.
Wie seine Seele.
Ein kandierter Nachtwandler geht eilig vorüber, ein Bordelliedchen vor sich hin zischend.
Zwei bleiche, überschminkte HUREN *halten sich in einiger Entfernung.*
Sie rauchen.
Sie sprechen mit tiefer Stimme und beäugen die wenigen Passanten.
Jetzt betrachten sie den unbeweglichen MANN *aufmerksam, der ganz von Nebel umhüllt ist.*
ERSTE HURE: Wer ist dieser Bettler?
ZWEITE HURE: Jeden Abend ... zur selben Zeit ... wartet er ... wartet ... und oft vergeblich.
ERSTE HURE: Auf irgendwelche Almosen?
ZWEITE HURE: Nein ... dafür ist er zu stolz ... eine Frau ...
ERSTE HURE: Eine Frau? Der Unglückliche.
Sie lacht höhnisch.
ZWEITE HURE: Ja, eine Frau ... alte Liebe ... immer noch schön.
Sie zeigt auf den MANN.
Schau, ein Gespenst ... diese Frau ... eine Hyäne ... Da! Arm und verrückt.
ERSTE HURE: Und jetzt ...
ZWEITE HURE: Er wartet ... wartet immer, daß sie vorbeikommt, und wenn sie in seiner Nähe ist, spuckt er ihr ins Gesicht ...

ERSTE HURE: Sie ist glücklich … immer glücklich darüber, etwas zu bekommen, was nur ihr gehört … sogar Spucke.
Lange Pause.
ERSTE HURE: Was für eine Idiotin.
ZWEITE HURE: Ecce Homo!

Vasari

DIE HÄNDE
Schaufenster

Ein Tuch ist in Menschenhöhe über die gesamte Bühne, dicht hinter der Rampe gespannt. Der Hintergrund ist schwarz.
Von links langsam nach rechts sich bewegend, erscheinen und verschwinden nach und nach männliche und weibliche Hände (ausgestreckt über dem gespannten Tuch und von einem Scheinwerfer hell erleuchtet) in folgenden Haltungen/Ausdrücken:
1. *Eine Kinderhand bohrt mit dem Zeigefinger in einem Nasenloch. (Ein gemalter Kopf wird links vorn auf das Tuch appliziert.)*
2. *Zwei männliche Hände (von zwei verschiedenen Personen) drücken sich mit Kraft.*
3. *Zwei männliche Hände (einer Person) fügen sich zum Gebet, dann zum Bitten zusammen.*
4. *Langer, weicher, sinnlicher Händedruck einer Männerhand mit einer zarten, ringlosen Frauenhand.*
5. *Zwei Frauenhände (einer Person) sind dabei, viele Ringe, einen nach dem anderen, abzuziehen, schmachtend, mit müden Bewegungen.*
6. *Zwei Männerhände (von verschiedenen Personen) schreiben mit einer Feder, eine sehr schnell, die andere langsam.*
7. *Vier männliche Hände, die versuchen sich zu umklammern, wie am Anfang eines Wettkampfes.*
8. *Eine Frauenhand, dabei, zu kratzen.*
9. *Eine Männerhand beim Bezahlen.*
10. *Eine Männerhand beim Zählen, die Finger nacheinander langsam ausstreckend: erst den Daumen, dann den Zeigefinger etc.*
11. *Eine Frauenhand bewegt die Finger weich wie auf einer Tastatur oder streichelnd wie auf einem Gesicht.*
12. *Eine starke Arbeiterhand hält einen Hammer und macht Anstalten zuzuschlagen.*
13. *Eine starke männliche Hand holt zum Schlag aus.*
14. *Eine Frau schwenkt gedankenvoll ein Taschentuch, niedergeschlagen und schmerzerfüllt.*

15. Eine Männerhand ergreift drohend einen Revolver.
16. Eine Männerhand winkt ironisch zum Abschied.
17. Zwei Männerhände (einer Person) erhoben und geöffnet zu einem Ruf.
18. Zwei rohe blutige Hände in Handschellen.
19. Eine Männerhand hebt den Zeigefinger wie für ein Kommando.
20. Zwei geöffnete und gespannte Frauenhände (einer Person), deren kleine Finger sich berühren, und die anderen Finger winken in altbekannter spottender Manier.
Vorhang.

Marinetti und Corra

NEGATIVER AKT

Ein HERR *tritt auf. Er ist geschäftig, beunruhigt, legt Überzieher und Hut ab, macht einen ungestümen Gang und sagt dabei:* Eine phantastische Sache! Unglaublich!
Dreht sich zum Publikum und ist irritiert, es zu sehen; dann geht er energisch zur Rampe und sagt kategorisch: Ich ... habe Ihnen wirklich nichts zu sagen! ... Vorhang runter!
Vorhang.

Corra und Settimelli

WECHSEL DER CHARAKTERE

EHEMANN: Nein! Es ist sinnlos; jetzt wird damit Schluß gemacht. Wenn du mich noch einmal betrügst, verlasse ich dich auf der Stelle!
EHEFRAU *weinend*: Nein! Carlo, nein! Komm her, komm her, hör mir zu!
EHEMANN *zärtlich weinend*: Verzeih mir, Rosetta, verzeih mir!
EHEFRAU *giftig*: Hör sofort auf mit dieser unangebrachten Gefühlsduselei, sonst hau ich dir eine runter.
EHEMANN *auf dem Gipfel der Wut*: Genug jetzt, oder ich schmeiße dich aus dem Fenster ...
EHEFRAU: Mein Lieber! Liebster! Wie, wie sehr ich dich doch liebe! Die Zärtlichkeit greift mir ans Herz ... mach doch noch einmal deine niedlichen Vorwürfe ...
EHEMANN: Ah! Rosetta, Rosetta! meine unendliche Liebe ...
EHEFRAU *außer sich*: Wenn du das noch einmal wiederholst, lasse ich mich scheiden! – Ganz genau, scheiden!
EHEMANN *explodierend*: Ah, gemeines Stück! Hau ab! Hau ab! Hau ab!
EHEFRAU: Ich habe dich niemals zärtlicher geliebt!
EHEMANN: Ah, Rosetta! Rosetta!
EHEFRAU: Schluß jetzt! *Sie gibt ihm eine Ohrfeige.*
EHEMANN: Genug, sag ich dir – *und er gibt ihr zwei Ohrfeigen.*
EHEFRAU *schmachtend*: Gib mir einen Kuß! Einen Kuß!
EHEMANN: Da hast du ihn, Liebling!
Vorhang.

Ginna und Corra

AUS DEM FENSTER
Drei Momente

ALLE SCHAUSPIELER
DER NACHTWANDELNDE VATER
DIE NACHTWANDELNDE TOCHTER
Sämtliche Zuschauer, die hier Protagonisten sind, müssen sich durch eine Art Suggestion in einen quasi gelähmten Zustand versetzen, in jemanden, der sich weder bewegen noch reden kann, in dem allein die Intelligenz lebt und leuchtet in totem Fleisch, und der in einem Bett nahe beim Fenster liegt, der Wind hat die Fensterflügel geöffnet, in den drei Mondnächten, in denen die drei Momente der Handlung stattfinden.

Moment 1 (Nacht 1)

Wenn sich der Vorhang öffnet, sieht man die hohen Mauern einer Burg in der Mondnacht. Windstöße. Eine nahegelegne Turmuhr schlägt monoton Mitternacht. Links auf der Burgmauer erscheint ein vollständig angezogener MANN, *ein Nachtwandler, der gegen den Wind mit mechanischen und sicheren Schritten geht, sein Mantel weht. Er verschwindet. Jeder Zuschauer bildet sich ein, seinen Vater zu sehen.*

Moment 2 (Nacht 2)

Dieselbe Szene, derselbe Wind, dieselbe Zeit. Von rechts kommt eine junge FRAU, *bekleidet und ihre Haare wehen im Wind. Sie überquert mit denselben somnambulen Schritten die Bühne auf derselben hohen Burgmauer. Jeder Zuschauer bildet sich ein, seine Schwester zu sehen.*

Moment 3 (Nacht 3)

Dieselbe Szene, derselbe Wind, dieselbe Zeit. Gleichzeitig erscheinen, einer von rechts und einer von links, im Wind auf der Mauer, sich auf-

einander zu bewegend, die beiden Nachtwandler, VATER *und* TOCHTER. *Sie kommen sich näher, stoßen zusammen und fallen mit einem furchtbaren Schrei ins Leere.*

Vorhang.

Ginna und Settimelli

DIE VAGABUNDIERENDEN IRREN

Nacht. – Ein öffentlicher Park. – Eine Laterne. – Sommer. – Auf einer Bank ein VERRÜCKTER, *jung, zählt Kieselsteine.*
JUNGER IRRER: Eins .. zwei .. drei .. vier .. fünf .. sechs .. sieben .. acht .. neun .. zehn .. elf .. zwölf .. dreitausend! .. 20.000! Abend + Abend = Abend ... und jetzt endlich .. *Er hört mit einer Handvoll auf.* Eine Milliarde! ... Was für eine schöne Nacht, Steinchen zu zählen von eins bis eine Milliarde; schade, daß der Mond nicht da ist ... aber die Laterne. Ah, die Menschen sind pfiffig ... Abend + Abend = Abend ... Die Laterne ... Mit Mond wäre es besser ... Die Laterne ist wie ein vertrockneter und verblaßter Mond ... Steinchen + Steinchen = Mond + Laterne = Sterne und pulverisierte Atmosphäre innerhalb und außerhalb von uns ... Ich kenne das Gedicht dieser Nacht ... Erst jetzt verstehe ich es ... es geht: Steinchen + Steinchen – Mond und Laterne = Duft von Jasmin und Laterne ...
Jetzt erscheint ein anderer, alter, VERRÜCKTER.
ALTER IRRER: Hör auf, Steine für Laternen zu halten, hör auf!
JUNGER IRRER: Abend + Abend = Abend ... Steinchen + Laterne = Duft von Jasmin und von Laternen ...
ALTER IRRER *ungeduldig*: Ja, sieh zu, ob du mir mit deinen Schuhen die Nase putzen kannst.
JUNGER IRRER: Weißt du's? Ich habe gerade eben ein altes Gedicht verstanden, das ich schon als Kind in einer Ecke gelernt habe ... Nein, Schluß jetzt! ... Ich weiß es ... weniger Laterne, aber mehr Mond ...
ALTER IRRER: Du provozierst meine Gangräne! Hör auf zu reden, und fädel mir den Hut in die Tasche! ... O Gott, ich habe Hunger! Ich habe Hunger. Nein! Ich habe keinen Hunger. Ich habe den Hut auf dem Kopf; deshalb hör jetzt auf, diese Qualle zu quälen und fädel mir den Hut in die Tasche! Schluß! Schluß! Ich habe Hunger!
JUNGER IRRER: Willst du Brot? Ich habe viel davon im Leibe! Ich bin zwanzig Jahre alt und habe jeden Tag viel Brot gegessen! Du hast Hunger! Dreh dein Jackett um!
ALTER IRRER: Nein! Die Mücken werden sich freuen!

JUNGER IRRER: Martere sofort das Taschentuch! Oder die Tomate ist verloren. Immer haben die Zikaden mich unterhalten! Ich werde sie retten, die rote Tomate! Achtung! Gib auf dich acht, weil die Nacht ist die Nacht ...
ALTER IRRER: Ah, Feigling! Jetzt erzähle ich dir einmal die Schwänke aus den Kneipen! *Er greift ihm an die Gurgel.* Bring mich zum Lachen! Sei komisch! Jetzt mache ich dir eine Mitteilung ... *Er erwürgt ihn, läßt ihn los, der Junge fällt zu Boden.* Mist! Die neuen Schuhe ... Ich geh lieber in die Pampas. *Und verschwindet.*
Vorhang.

Chiti und Settimelli

NOTTURNO
Dramatisierter Gemütszustand

Nachts in einer Dachstube. Die EHEFRAU *sitzt mit aufgestützten Ellenbogen, den Kopf zwischen den Händen, am Tisch. In der Tischmitte eine brennende Kerze. Darumherum sind ein Bett, Stühle und alte Möbel, äußerst reinlich. – Armut. – Zur Linken ist eine Tür mit einem Riegel; hinten eine Fensterluke. Der* EHEMANN *schaut durch die geflickten Scheiben schweigend ins Dunkel.*

EHEFRAU: Die Sterne betrachten macht den Bauch nicht voll. *Der* EHEMANN *antwortet nicht, vielleicht hört er sie nicht.* Ach, was für ein elendes Leben! Ich kann nicht mehr! Wirklich nicht mehr!

Die EHEFRAU *weint. Der* EHEMANN *entfernt sich verträumt vom Fenster, lehnt sich über den Tisch und bläst in die Kerze, löscht sie aus. Dann geht er zurück, um ins Dunkle zu starren.*

EHEFRAU: Auch noch dunkel! *Sie weint weiter. Der* EHEMANN *öffnet leise das Fenster. Kein Laut. Ein wunderbarer sternenklarer Himmel über grauen beschneiten Dächern.* Dunkel, kalt! Du willst mich töten. Ich werde gehen; ich werde dich hier allein lassen. Und dann stürz dich doch aus dem Fenster, wenn dir das so gefällt.

Pause. Die EHEFRAU *springt wütend auf und schlägt und zerrt heftig an den Kleidern des* MANNES *herum.* Bist du aus Eis, du? Schläfst du schon den Schlaf der Toten?

EHEMANN *dreht sich langsam herum*: Ich habe zehn Millionen Sterne kennengelernt ... Die roten, die gelben, die grünen ...

EHEFRAU *lauscht einem seltsamen Geräusch*: Was ist los?

EHEMANN: Wieviele Millionen Sterne!

EHEFRAU *zitternd*: Sie sind an der Tür. Wer ist da?

EHEMANN *nimmt wieder seine erste Position ein*: Sie alle kennen, alle.

Die Tür geht auf und drei Diebe kommen herein; der letzte macht die Tür wieder zu. Ein Dieb zündet ein Streichholz an und entzündet die Kerze; die beiden anderen stellen sich vor die Frau.

EHEFRAU *gespannt*: Was wollen Sie?

ERSTER DIEB: Wir sind Räuber.

EHEFRAU *den Arm erhebend*: Hunger, Kälte, Not ...

ZWEITER DIEB *anzüglich*: Wir rauben Frauen. Komm mit uns.
EHEFRAU *ruhiger*: Ich werde mit euch kommen …
ERSTER DIEB *drohend*: Und wenn du schreist …
EHEFRAU *lächelnd*: Nein, ich schreie nicht.
DRITTER DIEB *bemerkt den* MANN: Da ist ein Mann …
Alle fallen über den MANN *her. Sie zerren ihn in die Mitte der Bühne; er ist vollkommen gleichmütig, sieht und hört nichts.*
EHEFRAU *heiter*: Mein Mann. Laßt ihn doch stehen, er zählt die Sterne.
ERSTER DIEB: Ach, zählt die Sterne? Paß auf, küß deine Frau …
ZWEITER DIEB: Los, umarme deine Frau.
DRITTER DIEB: Blödmann, krepier …
Ein schwerer Hieb; der MANN *taumelt, stolpert und fällt ohne einen Schrei zu Boden.*
DIEBE + EHEFRAU *bersten vor Lachen*: Hahahaha …!
Sie fliehen, sich umarmend. Ruhepause. Der MANN *kommt zu sich, erhebt sich langsam, geht und verriegelt die Tür. Er löscht die Kerze aus und geht wieder zum Fenster, um verzückt die Sterne zu beobachten.*
Langsamer Vorhang.

Pratella

NACHTIGALLENJAGD

FIENO, *Ehemann*
FASCINA, *Ehefrau*
BRINA, *Tochter*
RAGGIO, *Liebhaber*
Glockenläuten
Gesänge von Betrunkenen
Windesrauschen
Spielendes Licht
Mondlicht in Hülle und Fülle
Trillern einer Amsel
Ein Schwarm Glühwürmchen
Stimmen aus der Vorstadt
Atmen
Seufzer.
Die Uhr füllt die Pausen der Stille mit ihrem Kommen und Gehen des Pendels und schlägt etliche Male das Vergehen einer Stunde an.
Eine Katze in der Küche
Ein Wiedehopf auf dem Land
Ein Hund, etc.
Die Haltungen und Gesten müssen der Häßlichkeit und der Poesie, den Eigenschaften, die die vier Hauptpersonen repräsentieren, angepaßt werden. Das gilt auch für die Dinge und für die Geräusche von außen, die man unterschiedlich hören können muß, und die an dem Handlungsablauf teilhaben und ihm folgen.

Erster Akt

Eine Küche. Zweige an den Wänden. Rechts ist ein riesiger Rauchfang, der wie ein Blasebalg vom Rauch ganz schwarz geworden ist. Links befindet sich eine Tür. Davor, in der Mitte, steht ein bescheiden gedeckter Tisch, beleuchtet von einer Lampe aus Majolika. Der grüne Lampenschirm wirft starke violette Schatten auf die Gesichter von FIENO *und* FASCINA, *die jeder an einem Ende des Tisches sitzen.* BRINA

lehnt sehnsüchtig am Fenster und schaut durch die geschlossenen Scheiben nach draußen. Danach ist Abendessen. Stille. Dann hört man von Ferne das Avemaria. FASCINA *und* FIENO *stehen auf, drehen die Stühle um, knien sich darauf und beten.* BRINA *öffnet das Fenster: das Avemaria klingt in Wellen herein. Danach ist eine kurze Pause, dann läuten lustig die Glocken.*
FIENO *zu* FASCINA, *während sie unter dem Segen des Angelus-Läutens knien*: Paß auf, die Katze macht ihren Dreck in die Herdasche ...
FASCINA *stellt den Stuhl auf, nimmt eine Serviette und verjagt damit die Katze*: Zum Henker, Sau! Warte ...
BRINA *ist immer stumm, versunken in das Läuten der Glocken. Wenn das Avemaria beendet ist, setzen sich* FASCINA *und* FIENO *wieder hin.*
FIENO: Man merkt, daß der Glöckner schon zu Abend gegessen hat. Heute abend hört er überhaupt nicht auf zu läuten.
FASCINA: Der hat doch nichts anderes zu tun, als den ganzen Tag am Seil zu ziehen.
FIENO: Und Kinder zu machen: soviel Glocken, soviel Kinder.
FASCINA: Darum kümmert sich seine Frau.
Inzwischen hat sich der Klang verdoppelt.
FIENO: Verfluchter! Die Mittagsglocke soll dir auf den Kopf fallen!
FASCINA: Adieu, Hörner!
FIENO: Ach ja.
FASCINA: Hast du noch nie gesehen, daß er den ganzen Tag den Hut auf hat.
FIENO: Und ob: wo sollte er ihn denn sonst haben?
BRINA *ohne sich umzudrehen*: Seid still! Ich kann die Glocken nicht mehr hören ...
FIENO: Schöne Musik.
FASCINA: Wirklich!
FIENO: Es ist so, wie wenn du Teller abwäschst. Tschik, tschak, bum. Manchmal geht ja einer kaputt ... die da springen nie.
FASCINA: Weil sie geweiht sind.
FIENO: Vielleicht.
FASCINA *steht auf und geht weg.*
FIENO: Wo gehst du hin?
FASCINA: Dahin.

Fieno *macht eine Geste, daß er verstanden hat*: Wie, schon wieder? Bist du krank?
Fascina: Weiß nicht, ich muß einfach ... *Geht und kommt wieder.*
Brina: Gott, wie bös ihr seid!
Fieno: Meine Liebe, das ist eine ganz natürliche Angelegenheit. Ich muß dir gestehen, daß das ab und zu ungeheuer befriedigend ist! Hinterher fühle ich mich viel leichter und froher.
Brina: Ihr sagt so ekelhafte Sachen.
Fieno: Aber du auch ...
Fascina *zurückkommend*: Wie sollte man denn ohne das auskommen?
Brina: Man muß es wie die Blumen machen: sie ernähren sich auch und geben danach süße Düfte von sich.
Fieno: Du sagst immerzu derartige Dummheiten.
Fascina: Wir sind eben keine Blumen.
Kurze Pause.
Brina *setzt sich auf das Fensterbrett und lehnt sich mit dem Oberkörper weit nach draußen*: Eins, zwei, drei, vier, 7, 10, 20, 25 ...
Fascina: Hör mal, sie zählt die Sterne.
Fieno: Laß das doch, sie sind schon gezählt.
Brina *freudig, ohne sich umzudrehen*: Aber die, die ich zähle, gehören mir. Ich empfinde die geizige Wollust des Bettlers, der auf den Stufen zur Kirche sitzt und die klingenden Almosen durch seine Finger in seine Tasche rinnen läßt.
Fascina: Wofür sollen denn so viele da sein, wenn sie nicht leuchten. Der Mond wenigstens ...
Fieno: Ja, eine schöne Befriedigung, sich auf diese Art und Weise von allen Hunden der Erde anbellen zu lassen. Er wirkt auf alle schwangeren Frauen, auf die befruchteten Eier und auf die Geburt der Zwiebel.
Fascina: Man sagt, daß er das Meer wachsen läßt ...
Fieno: Durchaus, wie den Sauerteig im Backtrog.
Brina *zählt immer noch die Sterne*: Dreiunddreißig, 34, 38 ...
Fieno: Tu mir einen Gefallen und schließ das Fenster. Anstatt der vielen Sterne wäre es besser, wenn es keine Schnaken gäbe.
Fascina: Da hast du recht.

FIENO: Diese Hitze! Man erstickt.
FASCINA: Im Winter vereist man, im Sommer wird man gebraten.
BRINA *zu sich*: Wie schön sind doch die Jahreszeiten mit ihren blühenden Wiesen, den ziehenden Wolken, dem weichen Schnee, dem fruchtbaren Regen!
FIENO: Schönes Zeug! Man müßte das Wetter so regeln können, wie man es wünscht, mit einem Schalthebel; heute so viel Regen, um den Hanf sprießen zu lassen, morgen so viel Sonne, um das Getreide reifen zu lassen; morgen bedeckter Himmel, feucht. Wie man es mit dem Trinkwasser aus dem Ausguß macht.
FASCINA: Das ist wahr!
BRINA *ekstatisch*: Es ist so schön, mit den Haaren im Wind durch den Regen zu laufen, unter einem vom Blitz umgestülpten Schirm!
Kurze Pause.
Die Nachtigall! Die Nachtigall!
FIENO: Verflixt! Sie steht mit den Schnaken und dem Mond in Verbindung ... Die ganze Nacht ist sie da unten, singt und kotzt an die Mauer wie ein Betrunkener. Vergiften wir den Baum, auf dem sie singt, reißen wir den Rosenstrauch aus, in dem sie ihr Nest hat, jagen wir sie.
BRINA *noch immer wie im Traum*: Ach, wie glücklich wäre ich als Frau einer Nachtigall! In der Wiege der Rotunde die kleinen Eier unter den Sternen ausbrüten, wunderbar beschützt von diesem Gesang ...
FASCINA: Sie will ein Vogel sein!
FIENO: Es wäre besser, sie würde dir beim Abwasch helfen, anstatt den ganzen Tag mit unsinnigen Reden zu verplempern.
FASCINA: Sie ist nicht einmal in der Lage, den Nachttopf unter dem Bett zu leeren.
FIENO: Du sollst deine Nachtigall sehen. Ich werde sie dünsten und mit Federn und allem essen. Man kann nachts nicht schlafen. Als ob ihr das nicht genügt, ist da auch noch der Mond, der durch alle Ritzen dringt.
FASCINA: Man muß sie besser mit Watte verstopfen; immer dieses Licht in den Augen. Haben wir nicht schon genug Sonne?
FIENO: Hast du schon den Darm geleert?

FASCINA: Ja.
FIENO: Dann gehen wir jetzt ins Bett.
FASCINA: Wir verbrauchen nur das Petroleum für nichts.
FIENO: Gehen wir. *Wendet sich an* BRINA: Du auch.
FASCINA: Du auch.
BRINA: Ich habe noch nicht verdaut.
FIENO: Du hast doch dasselbe gegessen wie wir.
BRINA: Nein: ich habe Glocken, Sterne und Glühwürmchen gegessen.
FIENO: Und jetzt hörst du endlich mit dem Quatsch auf. Den ganzen Tag tust du nichts.
FASCINA: Du bist keine Dame.
FIENO: Du kannst nicht einmal Salat machen oder Stiefel putzen.
FASCINA: Du hältst dich wohl für die Herrin.
FIENO: Du mußt gehorchen.
FASCINA: Ich bin deine Mutter.
BRINA *wie aus einem Schlaf erwacht, steigt sie vom Fensterbrett, geht auf die* MUTTER *zu und schreit*: Du bist du und ich bin ich!
FASCINA: Ich bin deine Mutter.
BRINA: Du bist eine Frau und ich bin eine Frau. Du bist alt, ich bin jung; du heulst, ich singe; du bist aus Eis, ich aus Feuer. Du bist nicht meine Mutter: du bist ein Schreckgespenst voller Runzeln, dein Gesicht ist wie deine Schuhe; du bist die Marianne vom Jahrmarkt, auf die die kleinen Buben für eine Münze Stoffbälle werfen und über sie lachen, wenn sie mit den Füßen in der Luft dasteht. Du bist der runzlige Baum; ich bin das grüne Blatt, das sich tragen läßt vom Wind; du der ausgedörrte Stiel, ich die rote Rose, die in die Sonne lacht; du der spitze Stachel, ich der Tautropfen, der sich auf dem Grashalm hingibt.
FIENO: Ich bin dein Vater.
BRINA: Du bist nicht mein Vater: du bist die Vogelscheuche, die die Bauern aus den abgetragenen Hosen der Soldaten machen, ausgestopft mit Stroh und rittlings auf einem Zweig, mit einer Rute in der Hand, um die Vögel von den Früchten fernzuhalten. Ich vertreibe euch, ich habe Lust zu lachen, ich vertreibe euch. Weg, Würmer! Weg, Marianne! Weg!

Sie schleudert Brote, Gläser und Geschirr gegen sie. Sie verfolgt sie mit einem Lachausbruch und klatscht in die Hände.
Vorhang.

Zweiter Akt

Ein Laubengang, der in einen Garten voller schlafender Blumen führt. Die Bäume im Hintergrund sind in Mondschein getaucht. Ganz nah, im Halbdunkel flimmern Glühwürmchen. Man vernimmt alle die Geräusche von Land und Vorstadt. In weiter Ferne bellt ein Hund. Eine Turmuhr schlägt die Stunden. Ein Windstoß bewegt die Wipfel der Pappeln. Man hört Schritte hinter der Gartenmauer. Zeitweilig die Lieder von Betrunkenen. Man hört eine Tür zufallen. Dann erklingt das Trillern der Nachtigall.
BRINA *und* RAGGIO *sitzen umarmt auf einer Bank aus Marmor. Personen und Dinge sind in eine traumhafte Atmosphäre eingehüllt.*
BRINA: Hörst du die Nachtigall ... Das Mondlicht ergießt sich.
RAGGIO: Die Glühwürmchen glitzern wie aus einem diamantenen Feuerstein geschlagen.
BRINA: So viele, so viele! Es ist der Fackelzug der Glühwürmchen ... Eins fällt erschöpft, ein anderes macht einen Sprung vorwärts mit dem verglimmenden Flämmchen ... Sie sehen aus wie die vielen Stummelsucher, die durch die verlassenen Straßen der Vororte gehen und mit ihren kleinen grünen Blechlaternen die zerquetschten Perlen des Auswurfs anleuchten.
Sie küssen sich lange. Unterbrechen, um sich wieder zu küssen.
BRINA: Trink mich ganz mit einem langen Schluck.
RAGGIO: Ach, warum können wir nicht wie unsere Schatten ineinander verschmelzen. Die sehen aus wie eine weiße Rose im Spiegel, ohne zu stechen.
BRINA: Dich im Herzen ist wie der Tropfen, der das Glas zum Überlaufen bringt, wie das Streichholz, das die im alten Holz schlafende Flamme erweckt, wie der neue Schlüssel, der die grüne Tür zum Garten öffnet.
RAGGIO: Sag mir, daß du nicht sterben willst, daß du glücklich bist.
BRINA: Ich wollte sterben, weil ich glücklich bin. Was kann denn

danach noch sein? Ich bin glücklich. Ich weiß es nicht, aber sicher gibt es zwischen dem Brillanten auf deiner Krawatte und dem Gesang der Nachtigall eine geheime Verbindung, zwischen dem Laut deiner Schuhe auf dem Kies und dem Vagabundieren der Glühwürmchen, weil ich so glücklich bin, wenn du kommst.
Sie küssen sich wieder.
BRINA: Sei leise, die Blumen träumen ...
RAGGIO: Jede Blume ist ein Geruchssäckchen, der Garten ein Strauß voller Düfte ...
BRINA: Geh weg, da nach hinten: ich will das Gefühl noch einmal haben, wenn du kommst.
Als RAGGIO *weit weg ist, versteckt* BRINA *sich hinter einem Baum.*
RAGGIO: Wo bist du, Brina?
BRINA: Nimm dir ein Glühwürmchen und komm mich suchen.
RAGGIO: Ich werde der Spur deines goldenen Lachens folgen und dich finden.
Er findet sie. Sie erwischen ein Glühwürmchen, nehmen es in die Hand, sie küssen sich und setzen sich wieder.
BRINA: Hör wie die Nachtigall singt, wie sie ihre silberne Haspel dreht ...
RAGGIO: Sie probiert den diamantenen Schlüssel in der gläsernen Tür des feuchten Gefängnisses, worin die blinden Engel angekettet schlafen ...
BRINA: Sie ist ein göttlicher Dieb, der seine Dietriche in den Schlössern des Schweigens und des Geheimnisses ausprobiert ...
Pause.
RAGGIO: Was hast du?
BRINA: Ich habe Angst vor der Nachtigall.
RAGGIO: Sie ist so klein ... man könnte sie mit dem Druck des kleinen Fingers erdrosseln.
BRINA: Ihr Gesang ist lauter als das Brüllen eines Löwen.
Sie lauschen.
BRINA: Hörst du, sie singt nicht mehr.
RAGGIO: Was ist passiert?
BRINA: Das Herz ist ihr gesprungen.
Pause.

Von einem nahegelegenen Dach kommt der Ruf eines Wiedehopfs.
BRINA: Es steht ein Mörder hinter der Mauer des Gartens.
RAGGIO: Irgendeine Katze macht den Kleinen ...
BRINA: Das ist der Wiedehopf ... Er ist in die Nachtigall verliebt und weint ihr nach.
RAGGIO: Eine hundert Jahre alte Hexe verliebt in ein Kind.
Pause. Ein Hund bellt von ferne, sehr laut. BRINA *fröstelt vor Angst, sie wickelt sich den Rock um die Beine und hält sich an ihrem Geliebten fest.*
RAGGIO: Was hast du? Er ist doch da unten, weit weg, in einer Hütte.
BRINA: Wie lang das schon geht. Er kommt hierher; ich fühle schon die spitze, drohende Schnauze zwischen den Knien, ich habe Angst. Beschütz mich, ich habe Angst!
RAGGIO *tut so, als ob er einen wilden Hund verjagt*: Weg, weg! Er tritt um sich. So, siehst du, er geht zu seinem Strohhaufen, er ist weg, er bellt nicht mehr.
Sie lauschen. Geheimnisvolles Rauschen.
BRINA: Was hörst du?
RAGGIO: Es sind die zarten Zweige, die sich wie verstohlene Hände im Dunkeln suchen; es sind die jungen Blätter, die wie ehebrecherische Münder zittern und sich leise, leise küssen, um nicht entdeckt zu werden, und ihr vereinigter Schatten reflektiert im Spiegel des Mondlichtes auf den Wegen. Laß uns weitergehen ...
BRINA: Ich habe Angst. Da hinten sind die bösen Sachen, die mit krötenhaften Augen schauen, die üblen Schatten, die blind durch die schlafenden Bäume gleiten.
RAGGIO: Komm, komm! *Er trägt sie fast.* Bis zum Ziel, zur Nachtigall.
Sie entfernen sich. Das süße Geräusch von Küssen wird immer deutlicher; verstärkt sich in dem Maße, wie ihre Schritte sich entfernen. Von einer Turmuhr fallen die Stunden wie Papiersterne. Plötzlich fällt im Garten ein Schuß. Eine hohe Stimme schreit aus dem Fenster.
Ich habe die Nachtigall ermordet! Ich habe die Nachtigall ermordet!
Ein Kerl ist über die Gartenmauer entflohen ...
Nach einer kurzen Pause stürzt die MUTTER *im Hemd durch den Eingang, sie stößt einen kurzen Schrei aus.*

FASCINA: Ich habe es gewußt, Mörder! *Und fällt tot um.*
Stille.
Danach nimmt die Nachtigall ihren Gesang wieder auf, lauter als ein kotzender Betrunkener, der immer näher kommt.
Vorhang.

Govoni

ES GIBT KEINEN HUND

Personen:
DER, DEN ES NICHT GIBT
Eine nächtliche Straße, Kälte, Leere.
Ein Hund überquert die Straße.
Vorhang.

                                                        Cangiullo

DETONATION

Personen:
EIN PROJEKTIL
Eine nächtliche Straße, Kälte, Leere.
Eine Minute Stille. – Ein Revolverschuß.
Vorhang.

                                                           Cangiullo

ENTSCHEIDUNG

Tragödie in 58 Akten, vielleicht auch mehr. 57 dieser Akte sind überflüssig aufzuführen. – Der letzte Akt ist von FRANCESCO CANGIULLO.
Die Personen der 57 unaufgeführten Akte:
GIULIO
DIE FAMILIE
DAS LEBEN
Personen des letzten Aktes:
GIULIO
Ein Vorzimmer. – Links eine Drehtür, Eingangstür im Hintergrund. – Abend. – Elektrisches Licht.
GIULIO *25 Jahre, sympathisch. Heftiges Eindringen, Schleudern der Drehtür.* – Verdammt nochmal! Jetzt geht dieses Spiel schon eine ganze Weile ... die Presse ... die öffentliche Meinung ... Aber ich pfeife auf das Publikum und die Presse! *Er nimmt Überzieher und Hut von einem Kleiderständer und, indem er den Überzieher anlegt:* Das ist eine Sache, die muß absolut AUFHÖREN!
Löscht sehr schnell das Licht, geht ab.

Cangiullo

DER SCHÜRZENJÄGER UND DIE VIER JAHRESZEITEN

Es tut mir leid, aber ich kann den Personen absolut keine Namen geben – das muß den Theaterdirektoren auch untersagt werden.
Neutrale Bühne. –
Seitlich und hinten Auftritte. –
3 Sekunden, nachdem sich der Vorhang gehoben hat, tritt von links die ERZIEHERIN *in Uniform auf. Sie liest in einem religiösen Büchlein und geht langsam vor zur Rampe, die Augen auf das Buch geheftet. Aus den Seiten fällt ein Heiligenbild zu Boden. Sie hebt es mit großer Natürlichkeit auf und steckt es wieder zwischen die Seiten. – Sie nimmt ihre Lektüre wieder auf und bleibt vorn an der Rampe stehen. Sie steht so bis zum Schluß.*
Nach 10 Sekunden kommt von hinten die BADENDE; *natürlich in Badekleidung; blaues Höschen und Matrosenbluse; in einem Rettungsring schwimmt sie über die Bühne in einem nur für sie bestimmten begrenzten Raum – so bis zum Schluß.*
Nach 10 Sekunden kommt, ebenfalls von hinten, die WITWE; *sie trägt ein mit Girlanden behängtes und mit brennenden Kerzen ausgestattetes Grabmal. Mit dem Rücken stellt sie es in die rechte Ecke, kniet sich hin, neigt den Kopf, – sie bleibt so bewegungslos, als würde sie von hinten fotografiert.*
Nach 10 Sekunden tritt von rechts – das Gesicht in einem angewinkelten Arm versteckt – die BRAUT *auf. Sie ist in weißen Atlas gekleidet, mit einem langen Schleier, einen Kranz aus Orangenblüten im Haar. Ängstlich kommt sie vor zur Rampe und bleibt dort so stehen bis zum Schluß.*
Nach 20 Sekunden tritt von hinten todchic, mit großer Unbefangenheit, eine Zigarette rauchend, einnehmend, der SCHÜRZENJÄGER *auf. Sicher und behend strebt er auf den äußersten Rand der Rampe zu, breitet mit großartiger Geste die Arme vor dem Publikum aus, den Kopf zur Seite geneigt, und mit einem diplomatischen Lächeln fixiert er das Publikum mit einem langen und künstlichen Blick – dann sagt er:*

VOILÁ!

und behend zieht er sich wie elektrisiert zurück.

V
O
R
H
A
N
G

Cangiullo

DIE GENAUE ZEIT

ZWEI HERREN *kommen Arm in Arm und begegnen einem* DRITTEN.
DER DRITTE *zu einem der beiden*: Entschuldigung, können Sie mir sagen, wieviel Uhr es ist?
EINER DER ZWEI: Es tut mir leid, aber ich gehe vor.
DER DRITTE *zum anderen*: Können Sie es mir sagen?
DER ANDERE: Schade, aber ich gehe nach.
DIE ZWEI *zum Dritten*: Aber ... Sie?
DER DRITTE: Ich gehe weder vor noch nach.
DIE ZWEI: Warum?!
DER DRITTE: Weil ich sie nicht hier habe!
Vorhang.

                                                          Cangiullo

TAUGLICHKEITSTEST

DER SCHWARM EINES HOCHZEITSAUFZUGES *ruft laut in Richtung der Kulissen:* Es lebe das Brautpaar! Es lebe hoch!!!
EIN PROFESSOR *betritt die Bühne*: Die wollen heiraten, in dieser Nachkriegszeit!
EIN FREUND DES BRÄUTIGAMS: Nicht nur, aber der Bräutigam ist selbst in der dritten Revision für untauglich erklärt worden.
DER PROFESSOR: Mir vom Leibe damit! *Geht.*
DER SCHWARM: Es lebe das Brautpaar! *Dunkel.*
DER THEATERDIREKTOR IM FRACK: Meine Damen und Herren: in diesem Augenblick ... findet statt ... Denken Sie ...
Die Beleuchtung geht wieder an. Morgengrauen.
BRÄUTIGAM *äußerst untauglich, in Hosenträgern, verwirrt, zerzaust, trifft auf seinen* FREUND.
DER FREUND *überrascht*: Was ist los? Wo gehst du denn hin, um fünf Uhr in der Früh? Krach mit der Frau?
BRÄUTIGAM: Ach was, Krach! Um Himmels willen! Ich trenne mich.
DER FREUND: Wie? Schon? Aber ihr seid doch erst seit ein paar Stunden zusammen!
BRÄUTIGAM: Genug Zeit, damit einer wie ich, der gut drei Mal für untauglich erklärt worden ist, begreift, daß er nicht mit einer solchen Frau, die in ihrem Leben wer weiß wie oft für sehr tauglich erklärt worden ist, zusammenleben kann. Komm mit mir zum Gericht.
Die zwei gehen ab.
DER THEATERDIREKTOR IM FRACK: Meine Damen und Herren! Wie Leoncavallo sagte, die Komödie ist aus. Aber bevor Sie nun applaudieren, geben Sie einem Ruf an die Schauspieler statt, und wir werden dem verehrten Publikum auch die Braut zeigen, die, ob sie will oder nicht, die Hauptperson dieser kleinen Arbeit ist.
Vorhang zu.
PUBLIKUM: Raus mit der Braut! Raus mit der Braut!!!
Der Vorhang geht auf.
Der THEATERDIREKTOR *zieht aus der Kulisse einen Arm der* BRAUT.

Aber mit dem anderen Arm hält sie sich fest und kommt nicht heraus.
Vorhang zu.
PUBLIKUM: Raus mit der Braut!!! Raus mit der Braut!!!
Vorhang auf.
Und es wiederholt sich dasselbe.
PUBLIKUM: Raus mit der Braut!!!! Raus mit der Braut!!!!
Vorhang zu.
Vorhang auf, und diesmal zerrt der THEATERDIREKTOR *mit aller Kraft die* BRAUT *heraus, die endlich vor dem Publikum so erscheint: in einem erregenden Seidenhemd, vollkommen verschämt, den Kopf in den Armen versteckt, mit zwei monströsen Orangen um den Bauch gebunden.*
Vorhang.
Der Eigentümer des Theaters und der DIREKTOR *haben tatsächlich geglaubt, daß die Darstellerin der* BRAUT *auf gar keinen Fall die Bühne betreten wollte. Sie haben deshalb von ihren Logen aus eine Kommission gebildet, die von den Direktoren der Futuristischen Compagnia die Anwesenheit der Schauspielerin auf der Bühne gefordert hat.*

                                                               Cangiullo

ÖFFENTLICHE PARKANLAGEN

Zur Linken des Zuschauers:
ZWEI VERLIEBTE *(Schauspieler und Schauspielerin) zusammengebunden, küssen sich auf einer Bank.*
Zur Rechten des Zuschauers:
Ein großes Bild aus dem Überraschungsalphabet, das DREI AMMEN *mit drei enormen Bs darstellt; jede bildet mit ihrem Säugling ein B.*
EIN HOMOSEXUELLER *agiert in typisch femininer Weise.*
Dann:
SECHS AUTOFAHRER *(fünf Schauspieler, eine Schauspielerin) sitzen ohne Rücklehnen und simulieren die Sprünge und Federung eines schnellfahrenden Autos, der am Steuer imitiert Motorengeräusche.*
Vorhang.

Marinetti und Cangiullo

TOILETTENMUSIK

Ein KLAVIER *trägt an seinen Pedalen elegante goldene Frauenschuhe. Ein* SCHAUSPIELER, *Diener des Klaviers, streut Pulver auf die Tastatur und läßt es versehentlich mit einem Staubwedel erklingen. Gleichzeitig putzt ein zweiter* SCHAUSPIELER *(zweiter Diener) mit einer kleinen Bürste dem* KLAVIER *die Zähne, während ein kleiner* PAGE *in roter Livree die goldenen Schuhe des Klaviers mit einem Wollappen poliert.*
Vorhang.

Marinetti und Calderone

GLEICHZEITIGKEIT VON KRIEG WOLLUST

Der Dichter MARINETTI *deklamiert aus seiner »Schlacht im Nebel«, ein Abschnitt aus seinem Roman »Der stählerne Alkoven«, begleitet von einer unsichtbaren Pauke, die das Bombardement imitiert. Zwei elegante Tänzer, ein* MANN *(im Frack) und eine* DAME *(ein rötliches, dekolletiertes Kleid) tanzen einen schmachtenden Tango um den Deklamator.*

Zusammenziehung des Gemütszustands der Kämpfenden; eine Mischung aus kriegerischer Wildheit und nostalgischer Wollust. Diese Deklamation, zusammengezogen durch den Tango, ist auch von zwei Stimmen durchgeführt worden und zwar von MARINETTI *und dem futuristischen Dichter* GUGLIELMO JANNELLI.

Marinetti

DIVERGIERENDE PARALLELITÄT

1.
Die Bühne ist in zwei Hälften geteilt: rechts und links, entsprechend der Anordnung der Zuschauer.
Linke Hälfte: ein erbärmlich möblierter Dachboden mit einem kleinen Tisch in der Mitte.
Rechte Hälfte: Werkstatt eines Uhrmachers mit einem Arbeitstisch.
Handlung
Bühne links – DER TROTTEL *sitzt an seinem Tisch und versucht, ein Ei auf die Füße zu stellen. Er lacht jedesmal idiotisch, wenn es umfällt.*
Bühne rechts – DER BERUFSTÄTIGE *sitzt auch an seinem Tisch, ärgert sich und wird nervös beim Herumstochern mit einer Pinzette in einem Uhrwerk, weil er es nicht schafft, die Uhr zum Funktionieren zu bringen.*
Die Szene bleibt einige Minuten lang so, dann schließt sich der Vorhang.

2.
Die gleiche Szene. – Die zwei Akteure sind um vieles gealtert.
Handlung
DER TROTTEL *trommelt vergnügt mit seinem Daumen auf den Tisch.*
DER BERUFSTÄTIGE *stochert aufmerksam im Uhrwerk einer Uhr herum und hält sie sich ans Ohr, um zu hören, ob sie geht.*
Die Szene läuft einige Minuten so, dann:
tritt DER TOD *auf der rechten Bühnenseite auf.* DER BERUFSTÄTIGE *schmeißt alle Gegenstände von sich und flieht panisch, vom* TOD *verfolgt.*
DER TOD *erscheint auf der linken Bühnenhälfte; ungerührt trommelt* DER TROTTEL *weiter wie anfangs. Dann wirft er sich mit einem idiotischen Lachen in die Arme des* TODES.
Vorhang.

Aschieri

Anhang

SEXUELLE ELEKTRIZITÄT
Dramatische Synthese

Personen:
RICCARDO MARINETTI, *Ingenieur, Erbauer der elektrischen Puppen, 35 Jahre*
MARIA MARINETTI, *seine Frau, 28 Jahre*
PIETRO, *Diener, 20 Jahre*
PROF. MATRIMONIO, *Puppe*
SIGNORA FAMIGLIA, *Puppe*
GIOVANNI, *Diener, 20 Jahre*
ROSINA, *elegantes Zimmermädchen, 20 Jahre*
FISCHER
MATROSEN

Eleganter Salon der Villa »Monbonheur«, 200 m vom Kursaal entfernt. Im Hintergrund ein Fenster, das auf einen kleinen Meeresbusen zeigt. Rechts, vorn, zwei Schritte von der Rampe entfernt, die Puppe PROFESSOR MATRIMONIO, *in grüner Hausweste, die ihren dicken Bauch betont und in heftigem Mißklang zu seinem rötlichen Teint und seinem roten Backenbart steht. Die Unterlippe ist fett und hängt ein bißchen herunter; große kurzsichtige Augen, die man ab und zu sieht, wenn er die Brille abnimmt, um sie zu putzen. Er ist absolut kahl. Mit seinen Füßen in großen Pantoffeln sitzt er in einem Schaukelstuhl am Tisch, der beladen ist mit alten Büchern. Das alles ist beleuchtet und überdeckt von einer großen Lampe mit einem großen gelben Lampenschirm. Links vorn, zwei Schritte von der Rampe entfernt, die Puppe* SIGNORA FAMIGLIA, *eingehüllt in einen kastanienbraunen Schal, mit grau gesprenkelten Haaren, müdem Gesicht, mit hängenden Bäckchen, einem Mund mit bösartigem Ausdruck, voller Säuernis, mit runzliger Stirn, über die ihre grauen und unfrisierten Löckchen fallen. Bei dieser Puppe steht ein Tisch bedeckt mit Wäsche, darüber eine Lampe mit schmetterlingsförmigem Lampenschirm, rosa gefärbt. Die Puppe hält Häkelnadel und Spitze in den Händen. Hinten, links, hinter dem Rücken von* SIGNOR MATRIMONIO, *ein breiter und tiefer Diwan und ein Klavier.*

Es ist die Stunde des Sonnenuntergangs. Ein Gewitter hat sich mit bleierner Schwere und brütender Hitze über das Meer gekniet, schnürt ihm die Luft ab und erdrückt ihm die grünen und unendlichen Wellen, durchzuckt von elektrischen Schweißausbrüchen.

Erste Szene

GIOVANNI, PIETRO, ROSINA
PROFESSOR MATRIMONIO, *Puppe*
SIGNORA FAMIGLIA, *Puppe*

GIOVANNI *die rechte Puppe abbürstend*: Es ist ganz einfach, sehen Sie? ... Man braucht nur dieses Ding in dieses kleine Loch zu stecken und den Knopf zu drücken ... Sehen Sie? ... Sie setzt sich sofort in Bewegung ... Die Puppe nimmt die Brille ab, putzt sie mit dem Taschentuch und setzt sie sich wieder auf die Nase. Dann nimmt sie die Zeitung wieder auf, die man dahin, an den Rand des Tisches legen muß ... Mit einem Buch macht sie dasselbe. Haben Sie das verstanden? Bei Ihrer letzten Anstellung hatten Sie nicht solche Herrschaften ... Nicht wahr?

ROSINA *mit dem intelligenten Gehabe eines Zimmermädchens, das vor lauter Farben nicht so richtig sehen kann; ein bißchen verwundert, tut sie aber so, als sei sie nicht erstaunt*: Oh! Nein! Aber ich kann sagen, ganz egal, so schöne habe ich noch nie gesehen! *Sich über die Puppe beugend*: Oh! Ich verstehe ... verstehe alles.

PIETRO *zu* GIOVANNI, *auf die Petroleumlampe zeigend, die auf dem Tisch steht*: Wie funktionieren die?

GIOVANNI: Hervorragend! Alle beide ... Ich hoffe, der Herr wird heute abend nichts zu sagen haben ... Unfälle mit Petroleum! Dann meint er, man könne doch elektrisches Licht haben! Diese Lampen hat man schon zu Zeiten meiner Urgroßmutter benutzt ...

PIETRO *stöbert in den Röcken der linken Puppe herum; zu* ROSINA: Damit müssen Sie sich befassen. Kommen Sie hierher ... Davon habe ich noch nie etwas verstanden, von Frauenkleidern!

ROSINA *auf den Knien bei der linken Puppe, um deren Rock zu drapieren*: Oh! Das ist eine Kleinigkeit. Mit einer Stecknadel wäre es schon gut ... Was für eine schöne Signora! Schade, daß diese Spitzen so gelb sind. Ich werde morgen um Erlaubnis bitten, sie zu waschen.

GIOVANNI *nähert sich der linken Puppe und sagt zu* ROSINA: Oh! Nein! ... Hüten Sie sich vor solch einer Dummheit! Waschen, das würde sie komplett ruinieren! Diese Spitzen sind antik und wertvoll. Unsere Herrin hat keine, die so wertvoll sind wie diese. *Zeigt auf die Puppe:* Möchten Sie sie husten hören? *Er drückt auf einen im Ärmel versteckten Knopf.* SIGNORA FAMIGLIA *hustet.* ROSINA *bricht in Lachen aus.* Drücken Sie hier. Drücken Sie noch einmal.

ROSINA: Nein ... Nein ... Sie gefallen mir nicht, diese mechanischen Dinger! Sie machen mir Angst! *Beobachtet die Puppe:* Ah! Tatsächlich ein sehr unterhaltsamer Scherz! Dazu braucht man Genie, um solche Puppen zu erfinden! ... Signor Marinetti ist der Erfinder, nicht wahr?

GIOVANNI: Ja ... Sie wissen aber nicht, wofür diese Puppen da sind.

PIETRO: Ganz einfach. Das ist eine Frage der Nerven ... Es gibt Menschen, die fürchten sich vor der Stille und der Einsamkeit. Signor Marinetti und seine Frau verbringen ganze Abende damit, diesen Puppen zuzuschauen.

ROSINA: Schöne Unterhaltung! ... Aber es muß noch einen anderen Grund geben ... Gestern abend war ich im Salon ... Ich habe sie reden gehört. *Mit bedeutender Miene und ausdrucksvoller Gestik:* Also gut: ich glaube, ich habe es entdeckt ... Signor Marinetti und seine Frau vergnügen sich damit, Professor Matrimonio und Signora Famiglia zu betrügen, sie hinters Licht zu führen.

GIOVANNI *mit offenem Mund*: Wie? Wie?

ROSINA: Also. Gestohlener Honig schmeckt besser als gekaufter ... In der Liebe ist es genauso. Als Sie noch jung waren, Sie ... *Zu* GIOVANNI: Haben Sie nie versucht, einem schönen Mädchen hinter einem Paravent einen Kuß zu geben? Die Zärtlichkeiten im Geheimen, mit ein bißchen Angst dabei, sind köstlich!

PIETRO: Das stimmt! ... Liebe, wenn sie nicht gestohlen ist, ist besonders trocken.

ROSINA: Also gut, ja. Der Herr und die Herrin verschaffen sich jeden Abend den Luxus und die Illusion, sich hinter dem Rücken anderer zu küssen! ...

GIOVANNI: Oh! Dann ... Wieviel Leute haben sie schon betrogen! Fast jeden Abend, tatsächlich, wenn man die Puppen zählt ... Da sind viele, auf dem Dachboden!
ROSINA: Gehen wir! Es ist besser, wenn die Herrschaften uns hier nicht finden ...
GIOVANNI: Sie haben es eilig, nicht wahr? Sie müssen sofort in den Garten, ohne Zeit zu verlieren! ... Seit drei Tagen sind Sie hier, und man sieht Sie jede freie Minute zusammen mit dem Chauffeur von Signor Rossi.
PIETRO: Dieser Verrückte, der so schlecht über unsere Herrschaften redet! Er ist es gewesen, der diese Geschichtchen, die Sie kennen, verbreitet ... Er sagt, daß der Herr und die Dame verrückt sind ... Er sollte sich lieber mit seinen Herrschaften abgeben, die nichts als Schulden haben! ... Eines schönen Tages werde ich ihm mit meiner Meinung noch mal das Maul stopfen!
PIETRO *reguliert noch die beiden Lampen, setzt den Schaukelstuhl in Bewegung und drückt nacheinander an den beiden Puppen, die anfangen, sich zu bewegen. Dann, ein wenig innehaltend, prüft er mit Kennerblick, ob das Bild gut arrangiert ist, und geht zur linken Tür hinaus,* ROSINA *und* GIOVANNI *vor sich herschiebend. Einen Augenblick später hustet* SIGNOR MATRIMONIO, *nimmt die Brille ab und setzt sie wieder auf, nimmt die Zeitung und legt sie wieder hin, während* SIGNORA FAMIGLIA *sorgfältig an ihrer Häkelei arbeitet. Unterdessen betreten* RICCARDO *und* MARIA *langsam durch die linke Tür den Raum, sie rauchen eine Zigarette.* RICCARDO *hat mit einem Arm* MARIAS *Hüfte umschlungen. Sie gehen zum Balkon, bleiben dort einen Augenblick stehen, vom Rauch umweht.*

Zweite Szene

MARIA, RICCARDO
PROFESSOR MATRIMONIO, *Puppe*
SIGNORA FAMIGLIA, *Puppe*
MARIA *verläßt den Balkon und begibt sich mit langsamen Schritten in den Raum, ganz matt, an der Seite von* RICCARDO, *der noch immer seinen Arm um ihre Hüften gelegt hat und ihr liebevoll übers Haar strei-*

chelt. Sie löst sich sachte von ihm, geht zum Klavier, von dem einige Akkorde erklingen, und bleibt, mit dem Rücken nach vorn, stehen, während RICCARDO *an der Schulter von* PROFESSOR MATRIMONIO *drückt, der sich laut zu räuspern beginnt. Plötzlich geht sie vom Klavier weg, wendet sich an* RICCARDO *und sagt voller Verwirrung:* Ah! Nein! ... Das langweilt mich, dieser Scherz! ...
RICCARDO: Aber was hast du heute abend? ... Du mußt deine Nerven schonen, meine kleine Maria! ... Seit wir aus Ägypten zurück sind, bist du ganz verändert! ... Heute morgen hat eine vollkommen belanglose Sache genügt, um dich in Wut zu versetzen, und ein bißchen später überrasche ich dich in einer ganz unverständlichen Ekstase ... Deine Augen sind wie hypnotisiert, voller unendlicher Trauer, ich muß dir gestehen, das erschreckt mich ein bißchen! ... Seit etwa einer Stunde bist du stumm ... Woran denkst du, Maria?
MARIA *mit einem Ausbruch an Gereiztheit*: Ich weiß es nicht, Riccardo! ... Ich kann mich nicht erinnern! ... Ich habe keinen Verstand! ... Und jetzt, heute abend, fühle ich mich dermaßen entkräftet, daß ich kaum noch die Kraft habe, dir zu antworten ... Ich denke an gar nichts, wahrscheinlich ... In jedem Fall ist es bösartig von dir, mich so zu beobachten!
RICCARDO: Ich beobachte dich nicht, Maria ... Nur sehe ich in dein Herz wie in klares Wasser ...
MARIA: Das glaube ich nicht ... Was für ein Hochmut! ... Du kannst mich absolut nicht verstehen, weil ich mich selber nicht verstehe!
RICCARDO: Das ist sehr ungenau ... Du hast schon öfter zugegeben, daß ich hellsichtig genug bin, sogar deine geheimsten Gedanken zu erraten ...
MARIA: Gut ... Sag mir, woran ich gerade gedacht habe.
RICCARDO: Nein, auf so einen kleinen Triumph verzichte ich! Mir wäre lieber, du würdest es mir sagen.
MARIA *unruhig, versucht ihn mit zärtlichem Streicheln abzulenken*: Nein, nein, Riccardo! ... Ich weiß gar nichts. Ich kann dir gar nichts sagen! ... Ich weiß nur, daß mein armer Kopf wie leergefegt ist ... und ich fühle mich leicht und vollkommen leer ... und unglückseligerweise auch ... traurig ... Oh, so traurig! ...

RICCARDO *führt sie zum Diwan und setzt sich neben sie*: Sei ruhig, Maria! ... Das beunruhigt mich alles, versichere ich dir ...
MARIA: Aber das darf dich nicht beunruhigen, wo du doch alles weißt und jedes Übel heilen kannst!
RICCARDO: Du verdrehst doch tatsächlich alles, was ich sage! ... Deine Traurigkeit ist unerklärbar! ... Aber du liebst mich doch noch, nicht wahr? ... Wie früher, Maria! ... Und mit ganzer Seele! *Er küßt sie.* Wie vor einigen Monaten in Ägypten ... Nicht wahr? ... Also gut: was fehlt dir heute abend, warum bist du so unglücklich? ... Was kann man sich wünschen, dein wildes Herzchen ist ein bißchen verrückt? ... Du bist in den Armen des Mannes, der dich liebt und den du liebst! Du kannst, wenn es dir gefällt, ihn mit einem Blick leiden machen ... mit einem Seufzer ... das ist einfach zu machen! ... Sensible Frauen wie du finden ein gewisses Vergnügen im Leiden. Sicherlich, die Tränen verschaffen dir Genuß ... Die der anderen, wenn du verstehst! ... Ich wette, daß es dir als kleines Mädchen Spaß gemacht hat, kleine Katzen zu würgen und Spatzen zu ärgern ... *Pause.* Ich werde niemals diese seltsamen Augen vergessen, die ich an jenem Abend gesehen habe ... *Spricht langsam*: an dem unsere arme Freundin für immer von uns gegangen ist! ... *Er erhebt sich und geht zum Balkon. Bleibt dort einen Augenblick unbeweglich, als fixiere er einen Punkt am Strand.* Oh! Sieh mal! ... Was machen die da unten? ... Komm her und schau mal! Fischer ... Sie stehen bis zu den Knien im Wasser ... Aber sie fischen nicht, scheint mir ... Sie sind genau da, wo der Körper von Giulietta gefunden worden ist, ganz zerschlagen und zermalmt! ...
Die Terrasse vom Kursaal ist hoch ... über dreißig Meter.
MARIA *mit einem Schauer*: Wie entsetzlich! ...
RICCARDO: Ich versichere dir, sie hat nicht leiden müssen ... Der Tod trat sofort ein!
MARIA: Ich sehe sie noch immer vor mir ... da, auf der Terrasse ... Mit ausgebreiteten Armen schrie sie: »Paolo! Paolo! Hier bin ich!« Arme Kleine! Dieser letzte Schrei geht mir noch immer nach! ...
RICCARDO: Paolo hat nichts gehört ... Sein Schiff war schon weit ... Die Mannschaft war da unten, vor uns, fast schon am Gebirge. RICCARDO *wendet sich zu* MARIA, *sieht sie in Tränen aufgelöst und fügt*

hinzu: Siehst du? ... Ich habe den Grund deiner Traurigkeit entdeckt.
MARIA: Was du sagst, ist wahr und auch unwahr zugleich ... Ich muß gestehen, daß ich nie wieder so fröhlich werden kann wie früher. Das ist doch ganz natürlich, denn ich hatte Giulietta besonders gern ... Du doch auch, nicht wahr? Wir waren sehr befreundet mit ihr ...
RICCARDO: Ja, Maria ... *Er sieht wieder Tränen in den Augen seiner Frau aufsteigen.* Aber ich glaube, man sollte sich deshalb nicht noch mehr aufregen ...
MARIA: Mir dagegen gefällt es aber, an sie zu denken ... *Pause.* Wie sie sich geliebt haben!
RICCARDO: Hör auf! Paolo hat nie jemand anderen als sich selbst geliebt.
MARIA: Wie kannst du das behaupten? Ich habe sie beobachtet beim Abschied ... Er hat sich schrecklich zwingen müssen, nicht zu weinen! ...
RICCARDO: Eine ganz natürliche Angelegenheit! Nach all dem ist es nicht gerade angenehm, eine entzückende Geliebte zu verlassen, um sechs Monate wegzubleiben, bei gewaltig schlechtem Wetter auf einem Panzerkreuzer, auf dem es, wie man so sagt, viel zu tun gibt! Für einen Tänzer wie ihn, schön und eitel, war dieser Augenblick hart, und es ist ganz und gar nicht erstaunlich, wenn ihm da die Tränen kamen! ...
MARIA: Du bist wirklich nicht sehr nachsichtig mit Paolo ... Es sieht so aus, als seist du immer noch wütend!
RICCARDO: Ich?! Aber durchaus nicht! ... Ich hasse niemanden. Mir ist das ziemlich gleichgültig. Er ist ein Mann von anderem Schlag als ich. Ich bitte dich deshalb, nicht weiter zu insistieren. Manche meiner Gedanken muß man hinnehmen, ohne zu diskutieren!
MARIA: Oh! Ja, Riccardo! ... Ich verstehe alles, alle deine Gedanken, wenn du mich küßt! ... Umarme mich, erdrücke mich! *Er umarmt sie.* Ich brauche heute abend so viel Zärtlichkeit! ... Was für eine seltsame Sache, sag! ... Mir ist sehr heiß und sehr kalt von einem Moment zum anderen ... Fühle meine Wangen ... Sie glühen, nicht wahr? ... Das muß das Gewitter sein! ... Sieh! Wie bewegt das Meer

ist! ... *Pause.* Ich habe immer Angst, wenn du so ernst mit mir sprichst ... Ich komme mir so klein vor neben dir! ... Wie ein Kind! ... Und so sehr zerbrechlich zwischen deinen Händen! ... Wenn du in diesem Ton mit mir sprichst, dann spüre ich denselben Schauer von Angst wie damals vor meinem Vater, nachdem ich irgend so eine kindliche Unartigkeit begangen hatte! ... Ich erinnere mich, daß ich eines Tages eine japanische Vase, sehr wertvoll, antik, sehr teuer und sehr schön, runtergeschmissen hatte ... Wenn du das Gesicht meines Vaters gesehen hättest! ... Und meine Angst! ... Genauso wie heute abend!

RICCARDO: Ich danke dir für den Vergleich. Er macht mich ein bißchen alt, aber das ist unwichtig! ... Nein, Liebe: du hast bloß Angst, weil es in diesem Zimmer dunkel ist und weil es bald regnen wird. *In diesem Augenblick husten die beiden Puppen geräuschvoll.*

MARIA*, die ihnen die Schulter zugedreht hatte, zittert vor Erschrecken*: Mein Gott! Was für ein Schrecken! Mir zittern die Hände!

RICCARDO: Oh! Wie heftig dein Herzchen klopft! ... Du bist ein kleines, kleines Mädchen, das Angst hat vor dem Gewitter! ... Mir kommt es vor, als seist du fünfzehn Jahre alt, wie an dem Tag, an dem ich angefangen habe, dir den Hof zu machen, im Haus deiner Tante Alice.

MARIA: Da war ich noch reizender als heute, nicht wahr?

RICCARDO: Du hattest einen kurzen Rock und ein weißes Hemd, ein bißchen zu ausgeschnitten für eine junge Dame ...

MARIA: Ja, ja, ich erinnere mich ... Du warst an diesem Abend sehr waghalsig! ... Plötzlich hast du mich auf den Hals geküßt! ... Ich habe mich sehr zusammengenommen, um nicht zu schreien! Weil sie sehr streng war, die Tante Alice! ... Ich hätte dich sofort vor die Tür setzen müssen, wenn sie das entdeckt hätte! Alle hielten dich für einen jungen Gelehrten, sehr ernsthaft ... Keine hätte gedacht, daß du jungen Mädchen in so resoluter Weise den Hof machen würdest! ...

RICCARDO: Ich habe ja nicht allen den Hof gemacht. ... Nur dir! Du warst so aufreizend! ... Wie soll ich sagen? ... Dermaßen appetitlich und süß, zum Küssen! ... Süß wie jetzt! ... *Er küßt sie.*

MARIA: Ja, aber es war keine gute Idee, mir das Hemd aufzuknöpfen, wie du es an diesem Abend getan hast, hinter dem Rücken meiner Tante Alice, die gerade kochte ...

RICCARDO *küßt sie noch einmal, zärtlich, behält sie im Blick, während er sie zum Diwan führt*: Weißt du was? ... Sie ist wieder da, Tante Alice ... Sie kocht wieder, dreht uns den Rücken zu ... Wir sind wieder die Kinder von damals ... *Pause*. Schnell! ... Küß mich! ... Die Tante sieht uns nicht! ... Oh! Wie süß sind deine Lippen! ...

MARIA *mit kindlicher Stimme und ganz erschauernd*: Riccardo! ... Mein Riccardo! ... Du darfst mich nicht so küssen! ... Du wirst schlecht von mir denken! ... Du verdrehst mir den Kopf ... *Sie küssen sich lange. Ein Windstoß bewegt die Flammen der Lampen. Die beiden lösen sich voneinander und bleiben nachdenklich und verwirrt stehen. Dann beginnt* MARIA *mit normaler Stimme:* Was hast du, Riccardo? ... Wenn du wüßtest, wie sehr dein Kuß mich verwirrt hat! ... Die Illusion war perfekt! Ich kam mir jetzt genau wie ein Mädchen vor! ... Aber komm, Riccardo ... Warum bist du so weit weg von mir? ... Dein Herz, hat es sich weit entfernt von mir? ... Betrügst du mich bereits mit häßlichen Gedanken, die ich nicht kenne? Böser!

RICCARDO *nachdenklich*: Nein, ich betrüge dich nicht ... Aber ich denke an deine kleine wehrlose Seele, die sich jedem ergibt, der sie mit Gewalt nimmt ... Und dein Körper, dasselbe! ... Seltsam. Mir kommt es vor, als sei er jedem dankbar, der ihn mit Gewalt an sich reißen will!

MARIA: Nein! Nein! Es ist nicht möglich, daß du meinst, was du da sagst!

RICCARDO: Aber ja! ... Du bist immer bereit für Einbrecher wie das Erdgeschoß eines einsamen Hauses auf dem Land ...

An einem Gewitterabend wie diesem existiert dein Wille nicht mehr ... Das hast du gerade bewiesen.

MARIA: Da haben wir es: jetzt wirfst du mir meine kindliche Vorstellungskraft vor! ... *In diesem Augenblick löscht ein Windstoß das Licht.*

RICCARDO *nähert sich der Balkontür, um sie zu schließen, und ruft*: Pietro, Giovanni! Rosina! ... Aber wo sind sie? Keine Antwort! ... Das Haus ist wie ausgestorben! ...

MARIA: Oh! Ich flehe dich an, Riccardo! ... Mach zu! Mach zu! ... Sonst kommt das Wasser ins Haus!

RICCARDO *nachdem er die Balkontür geschlossen hat*: Sie sind nicht zu sehen! ... Giovanni! ... Pietro! ... *Er nähert sich tastend dem Diwan und küßt* MARIA *wieder, die aufspringt.* Zittere nicht so! ... Hast du Angst gehabt? ... Ich bin es! Erkennst du meinen Mund nicht wieder?

Die rechte Puppe räuspert sich.

MARIA: Oh! Riccardo! ... Ich habe Angst! ... Ruf Giovanni! ... Schnell! Er soll das Licht wieder anmachen!

RICCARDO *streichelt ihr übers Haar*: Das ist nicht nötig ... Es ist doch sehr gut so ... *Schweigen, ab und zu ein Rütteln der Windstöße.* Maria ... Hörst du ... Ich bin nicht dein Mann ... Dein Mann ist da, vor uns ... Er schläft ... Ich bin es, ich ... Du weißt, wer ich bin ... Endlich können wir uns sehen! ... Ich bin es! ... Ich ... Paolo ... Ich bin heute abend gekommen, um dich zum Abschied zu küssen ... Oh! Ich weiß nicht, ob ich zurückkehre! ... Giulietta ist tot! ... Hat sich umgebracht ... Aber ich liebe nur dich, Maria! ... Dich allein! ... Gib mir deinen Mund! ... Du allein! ... Gib mir! ... *Er küßt sie heftig und leidenschaftlich.*

MARIA *stößt sich mit einem grellen Schrei von* RICCARDO *ab*: Nein! Nein! Nein! ... Das ist schrecklich! ... Du machst mich wahnsinnig! Pietro! ... Giovanni! ...

Die Diener kommen in den Salon.

RICCARDO *mit gespielter Kälte*: Pietro, zünden Sie sofort die Lampen an und schließen Sie die Balkontür. *Sie bleiben stumm und schwer atmend stehen, während die Diener die Anweisungen ausführen.*

MARIA *nachdem die Diener abgegangen sind*: Es ist entsetzlich, das, was du gerade getan hast! ... Das verzeihe ich dir niemals!

RICCARDO *geht unbeteiligt durch den Salon*: Ach was! Das war nur ein kleiner Scherz, Maria ... Nichts Ernstes, glaube mir! ... Die Wahrheit ist, daß du dich nie daran gewöhnen konntest, mit meinen Puppen zu leben! ... Das hätte ich vorhersehen müssen!

MARIA: Wie kannst du so etwas sagen, Riccardo? ... Ich habe sie immer sehr interessant gefunden.

RICCARDO: Ich weiß ... Ich rede nicht von meinen Erfindungen ... Du hast dich immer lebhaft für meine intellektuellen Beschäftigungen interessiert ... Das war selbstverständlich, weil wir ja eine intelligente Partnerschaft haben ... Du hast dich auch, mit sehr viel Ernsthaftigkeit, für die Ergebnisse meiner wissenschaftlichen Studien interessiert ...

MARIA: Und deshalb bin ich so glücklich, weil ich alle die Geheimnisse der Mechanik, die du erfunden hast, gelernt habe ...

RICCARDO: Darum handelt es sich jetzt nicht, sondern vielmehr um die dazugehörigen Gefühle ... Ich weiß, daß du es bizarr gefunden haben mußt, absurd geradezu, die Idee, meine Puppen mit unserem Intimleben, mit unserer Liebe zu vermischen ...

MARIA: Hast du denn den ersten Abend vergessen, den wir in diesem Haus verbracht haben? ... Was für ein Gelächter, als Professor Matrimonio dreimal gehustet hat, beim Knallen unserer Küsse! ...

RICCARDO: Ja ... Aber ich erinnere mich auch, daß dir in Wirklichkeit die Sache kein Vergnügen gemacht hat ... du warst eher verwirrt ...

MARIA: Das stimmt nicht ... An diesem Abend kam das Lachen von Herzen! ... Manchmal, das gebe ich zu, ging mir die Anwesenheit der Puppen auf die Nerven ...

RICCARDO: Wenn zuviel Elektrizität in der Luft ist ... Wie heute abend, nicht wahr?

MARIA: Ja.

RICCARDO: Oh! Mein kleiner Dynamo! ... Ein kleines Gewitter genügt, um dich zu verwirren!

MARIA: Ich weiß, daß du die Frauen verachtest! ... *Ihre Melancholie übertreibend:* Und mich behandelst du wie eine deiner Puppen! ...

RICCARDO: Wie die schönste von allen! *Scherzend:* Tatsächlich, ihre Mechanismen sind dieselben ... Die Elektrizität bringt unsere Nerven zum Schwingen wie die Leitungsdrähte der Wollust ... Deshalb gefällt es mir, diese beiden hier bei uns zu haben *er zeigt auf die Puppen* an stürmischen Abenden wie diesem ... Ihre Anwesenheit hilft mir, sie ist das beste Reizmittel für das Herz! ... Es ist wie Alkohol für meine Liebe ... Sie hält mich wach und berauscht mich ...

MARIA: Ich weiß ... Dich regt es an, mich hinter dem Rücken dieser tapferen Leute zu küssen.

RICCARDO: Und du empfindest nicht genauso?

MARIA: Nein. Ich habe es lieber, wenn niemand dabei ist, wenn ich küsse. Mein Herz hat, Gott sei Dank, solche Reize nicht nötig!
RICCARDO: Du läßt dein Herz lieber schlafen und erlaubst deinen Lippen, sich an meinen Küssen zu vergnügen wie an Süßigkeiten, an denen man herumnascht, ohne Hunger zu haben ...
MARIA: Böser! Du weißt, daß ich dich liebe! ...
RICCARDO *ironisch*: Darf ich dich bekanntmachen mit dieser Dame und diesem Herrn, die sich die Mühe machen, die Hitze meiner Küsse zu verdoppeln! ...
MARIA: Mich ärgern sie, diese beiden Puppen, wie ungebetene und aufdringliche Besucher! ...
RICCARDO: Aber sie stellen für mich die ganze Menschheit dar, und ich habe niemals den Wunsch mehr, meinesgleichen zu sehen, wenn ich mit dir zusammen bin ... und mit ihnen ...
MARIA: Das ist schlecht! ... Es wäre viel besser, Leute zu sehen dann und wann ... Das würde helfen, die Nerven zu beruhigen ... Sonst endet man in der Verirrung in absurde Phantastereien ... Es wäre weniger dumpf, manchmal Besuch zu bekommen.
RICCARDO: Und du, meine kleine Maria, wärest weniger nachdenklich und du hättest es lieber, wenn ich aufhörte, um dich zu werben. *Lachend:* Sieh ... da sind sie, die Leute! ... *Wieder auf die Puppen deutend:* Da sind sie, die Symbole für alles, was außerhalb unserer Liebe existiert: Pflichten, Schulden, Tugend, Altern, Monotonie, Herzenslangeweile, Müdigkeit des Fleisches, Dummheit des Blutes, soziale Gesetze ... und mehr davon! ...
MARIA: Mir wäre es lieber, wenn man alle diese häßlichen Personen hinausjagen würde.
RICCARDO: Unmöglich, denn sie sind in uns! ... Im Gegenteil, man muß ihnen häßliche Streiche spielen und sie zwingen, sich unserer Art zu unterwerfen. Hinter ihrem Rücken, das ist wie vor ihrer Nase, muß man die Liebe genießen, mit ihrem Fieber von Abenteuer und Unentdecktem, mit dem Geruch von Rebellion, mit der Gefahr und dem Unmöglichen, mit ihrer Gewalt und der Geschwindigkeit von Dieben, die in flagranti erwischt werden ... Man muß fortwährend den Eroberungsinstinkt der Liebe befriedigen ... deshalb das im angebeteten Körper bewunderte Mysterium künstlich

erschaffen ... das bereits entdeckte Fleisch vergessen ... sich von ihm entfernen ... es vergessen, um das leidenschaftliche Geheimnis, das Unbekannte und Neue zu entdecken!
MARIA: Du bist zu kompliziert, zu intelligent für eine kleine Kreatur wie mich, die dich in armseliger Dummheit liebt ... sehr ... sehr ...
RICCARDO: Ich bin nicht wirklich kompliziert ... Ich möchte nur die genauen Abbilder der Häßlichkeit der Welt um mich haben, wenn ich dich küsse, um mit dir in die Träume zu fliegen ... In der Tat, kommt es dir nicht so vor, als ob ihre häßliche Anwesenheit das Meer mit faszinierender Schönheit versieht, die Wolken, die Schiffe, die Vögel und die Sterne, die da hinten, am Horizont, erscheinen?
MARIA: Mir wäre es lieber, du würdest nirgends etwas Schöneres sehen als in den Augen deiner kleinen Maria! ... PROFESSOR MATRIMONIO *hustet geräuschvoll.*
RICCARDO *sich der Puppe zuwendend*: Aus! *Lachend:* Schluß damit! *Er dreht sich zu* MARIA, *die sich die Augen bedeckt und einen Seufzer ausstößt.* Aus! ... Sei froh, Maria! *Er geht zum Fenster.* Das Gewitter ist beinahe vorbei! ... Jetzt wird es ein bißchen besser. *Die Seufzer von* MARIA *verstärken sich. Er geht zu ihr.* Wie?! Bist du mir noch immer böse? ... Also, ich werde dir einen großen Gefallen tun ... Wir entledigen uns der beiden Monster, die dir so viel Angst gemacht haben! ... *Ruhig nimmt er* PROFESSOR MATRIMONIO *am Arm hoch.* Komm her ... hilf mir! Wir werfen sie aus dem Fenster! Sie sind von jetzt ab überflüssig! ... Hilf mir, Maria. MARIA *hilft ihm, die Puppe bis zur Balkontür zu tragen. Sie öffnen sie, und man hört die Geräusche des Regens und Stimmen von Fischern unter dem Balkon.* Nicht wahr, bizarr, dein Gatte? ... Komm, hilf mir, ihn aus dem Fenster zu werfen, diesen trockenen Ehegatten, der immer hustet, wenn du Klavier spielst. Die Liebe ist futuristisch, zukünftig. Sie betrügt und tötet die Langsamen, die Alten, die Furchtsamen, die Sitzenbleiber. Die Liebe schmiedet ein Komplott der Jugend gegen die, die nicht mehr jung sind ... Famiglia und Matrimonio, voran, aus dem Fenster! ... *Sie werfen die Puppen weg, dann kommen sie zurück.* RICCARDO *ist fröhlich;* MARIA *ist unruhig und lacht nervös.* Um die Signora Famiglia tut es mir leid. ... Aber sie war im Grunde nicht sehr störend! ... Ihr verdanke ich deine Zärtlichkeiten ... *Er hebt die*

dicke Puppe auf, lacht laut und wirft sie ins Meer. In diesem Augenblick hört man schrille Schreie vom Strand.
STIMMEN DER FISCHER: Sie haben einen Mann ins Meer geworfen! ... Zwei Menschen ins Meer! ...
MARIA *bricht in Lachen aus, in helle jugendliche Heiterkeit*: Ah! Das ist aber lustig ... Sie halten die Puppen für Menschen! ... Ah!
RICCARDO: Das ist aufregend! ... Eine unvorhergesehene Komplikation!
STIMMEN DER FISCHER: Ja, zwei Menschen! ... Ja, sie sind vom Balkon dieses Hauses gefallen! ... Ich habe es gesehen, ich habe gesehen, wie sie sie ins Meer geworfen haben! ... Es war der Signor Marinetti!
RICCARDO: Sie machen es immer komplizierter! ... Das wird schwierig! ... *Unruhig:* Pietro! Giovanni! *Die Diener treten ein.* Pietro, sehen Sie bitte nach, was passiert ist! Ich habe zwei Puppen aus dem Fenster geworfen, jetzt schreien die Leute, es handele sich um ein Verbrechen! ... Laufen Sie, um ihnen die Sache zu erklären! ...

Dritte Szene

RICCARDO, MARIA, GIOVANNI, PIETRO, FISCHER
GIOVANNI *von der Gartenpforte her eintretend*: Meine Herrschaften! Die Fischer sind am Gartentor! Sie wollen hereinkommen! Sie schreien, daß Sie zwei Menschen aus dem Fenster geworfen hätten!
RICCARDO: Also gut: erklären Sie ihnen die Sache, ohne ihnen zu öffnen, verstanden! ...
PIETRO *schaut aus dem Fenster und zeigt in den Garten*: Zu spät, Herrschaften! Sie haben das Tor aufgebrochen. Sie schreien wie die Verrückten!
MARIA *voller Furcht auf dem Balkon*: Da sind zwei Schiffer, die ... fischen nach den Puppen! ... *Man sieht draußen einen roten Lichtschein.* Sie haben ein großes Feuer am Strand angefacht!
Unter Mithilfe von GIOVANNI *versuchen sie mit aller Kraft die Tür zuzuhalten, die in den Garten führt;* PIETRO: Hilfe! Es sind viele! ... Sie brechen die Tür auf! *Ruft:* Wartet! Ich mache auf! ... Nein, es handelt

sich nicht um ein Verbrechen! Wir haben alte Kleider aus dem Fenster geworfen! *Noch lauter rufend:* Alte Kleider!
Die Tür springt auf und die FISCHER *treten lautstark ein.*
RICCARDO: Aber ... Wer hat Ihnen erlaubt, in dieser Art hier hereinzukommen, über das Gitter zu steigen und die Tür auszuheben?
ALLE FISCHER: Wir haben Sie gesehen, Signor Marinetti! ... Wir haben Sie gesehen! ... Sie haben zwei Leichen aus dem Fenster geworfen! ... Wir haben es gesehen! ... Sie sind der Mörder! ... Ich, ich habe Sie gesehen!
RICCARDO: Ruhe! Auf diese Weise kann man gar nichts verstehen! ... Ihr macht zu viel Lärm! ... Ich sage euch, es waren keine Leichen! Habe ich vielleicht nicht das Recht, mein Haus aufzuräumen und alte Sachen aus dem Fenster zu werfen? ... Wenn ihr herausgefischt habt, was ich weggeworfen habe, werdet ihr sehen, worum es sich handelt! ... Also wartet ab ... Sämtliche Bewohner des Hauses sind hier ... Meine Frau, ich und meine drei Bediensteten. Wer können dann die Ermordeten sein?
EIN FISCHER: Aber ich habe Sie gesehen, wie Sie einen Menschen ins Meer geworfen haben! ...
EIN ANDERER FISCHER: Zwei. Zwei Leichen haben Sie ins Meer geworfen!
In diesem Augenblick ertönt ein lauter Schrei vom Strand. Alle stürzen in den Garten, während RICCARDO *und* MARIA *auf dem Diwan sitzen und sichtlich erleichtert sind. Vier Matrosen treten ein und legen die beiden mit Wasser vollgesogenen Puppen über einen Sessel.*
RICCARDO: Also bitte! Hier sind meine Opfer!
Allgemeines Erstaunen. GIOVANNI *geht zu der Puppe* PROFESSOR MATRIMONIO *und drückt auf den Knopf, setzt sie in Bewegung, und bringt sie einige Male zum Husten. Die* FISCHER *schreien und gestikulieren heftig.*
EINIGE FISCHER: Er ist verrückt! ... Er ist verrückt! ... Signor Marinetti ist verrückt geworden! ...

Ende.

Marinetti

LICHTER

Eine weiße Kulisse.

Erster Teil

Dunkle Bühne. Auf der Kulisse die Projektion von schnell vorbeiziehenden Fenstern eines fahrenden Zuges. Eisenbahngeräusche.
EIN MANN *tritt auf*: Schlüpfrige Fenster des Zuges, geschwollen von Erinnerungen. Flinke Fenster, die die Zukunft erhaschen. – Erinnerungen und Sehnsüchte, in die Welt geschleudert. – Erstaunte Augen. Scharfe Augen, die in den Häusern der offenen Metropolen alles Sehenswerte erspähen. Faule Augen, die sich sanft ins weiche Grün der Wiesen legen. – Andere Horizonte, unerfüllte Träume. – Ferne. – Fenster, Fenster, Fenster.

Zweiter Teil

Die Kulisse leuchtet in grellem Licht.
EIN MANN: Hitzemauer, an der sich meine Wollust spaltet. Lichtmauer. Alle tropischen Visionen werden an dir erdrückt. – Die Schwüle prallt ab. – Durst. – Kontemplation.

Dritter Teil

Die Bühne wird dunkel. DER MANN *holt ein Glas aus der Tasche, das von einem Lichtstrahl erleuchtet wird, das Glas funkelt.*
EIN MANN: Phantasie. – Alle gesehenen Frauen, alle flüchtig erhaschten, die erträumten. – Lächeln. Luxus. Träume. Vergnügungen. – Perlen auf nackter Haut. – Tänze der Odalisken. Gestirnte Schleier. – Flammen, Funken, Lampen. Geniestreich. *Er wirft das Glas auf den Boden.* Nutzlos.

Vierter Teil

EIN MANN *zieht ein Messer aus der Tasche, das im Licht glitzert*: Verbrechen, Begierde, Gier. *Er ruft beim Wegrennen:* Blut, Blut.

Fünfter Teil

Die Bühne wird hell.
EINE FRAU *tritt auf. Sie bewundert sich im Spiegel*: Ich bin schön.

Vorhang.

Marinetti

DAS ENDE EINES JÜNGLINGS

Bühne: Sitzungssaal einer politischen Partei; ein großer grüner Tisch mit Lehnstühlen. In der Mitte der Platz des Vorsitzenden mit einer Klingel davor. Über dem Haupteingang das Gemälde des Regierenden. Lehnstühle an der Wand entlang. Aus dem linken Fenster, vom Zuschauer aus gesehen, redet ein ALTER *zur* VOLKSMENGE. *Er trägt einen langen schwarzen Frack, äußerst korrekt; er hat einen wallenden weißen Bart, geradezu feierlich. Im Hintergrund eine Gruppe von* ALTEN MÄNNERN, *alle mit Bärten, die ergeben zuhören.*

DER ALTE *zur* MENGE: Indem ich mich Eurer Stadt als Kandidat vorstelle, bekenne ich mich unerschütterlich dazu, das zu erhalten, was unsere Vorfahren begründet und erschaffen haben ...
DIE MENGE: Uuuuuh!
DER ALTE *insistierend*: als Erbe jenes römischen Rechtes, das der Ursprung unserer Gesellschaft und unseres Wissens ist.
DIE MENGE: Ein Hoch auf den Kaiser! – Ruine! – Parasit! – Rauschebart! – Räudiger Hund! – Räudiger Hund!
DER ALTE: Unsere Geschichte ...
STIMME AUS DER MENGE: haben wir gemacht!
DER ALTE: Unsere Geschichte beginnt ...
STIMME AUS DER MENGE: am 24. März '15!
DIE MENGE: Sehr gut! Bravooo!
DER ALTE: Um die unübersehbaren Verdienste der neuen Generation zu würdigen ...
STIMMEN AUS DER MENGE: Sprechen Sie über sich. – Ihr Lob ist überflüssig! – Giolittianer! – Alter Greis!
Die Gruppe der ALTEN *kommentiert mit Kopfschütteln und Schreckensgesten das Ganze.*
DER ALTE: Das Vaterland ...
STIMMEN AUS DER MENGE: ist unser! – Basta! – Schluß damit!
DER ALTE: Wir kennen Euch als ...
DIE MENGE *singt im Chor die Hymne der Sturmtruppe*:

Se non ci conoscete – guardateci dall'alto – Noi siamo i macellari – dei Battaglion d'assalto.
Bombe a man
Col pugnale e tascapan!
DER ALTE *beginnt erneut zu reden.*
Se non ci conoscete – guardateci ai maglioni – E della nostra terra – vogliam essere i padroni.
Bombe a man
Pugnale e tascapan!
Einer aus der Gruppe geht zu dem ALTEN *und fordert ihn auf, sich zurückzuziehen.* DER ALTE *schüttelt resolut den Kopf und lehnt es ab. Der andere zieht sich resigniert zurück. Lautstarkes Händeklatschen begleitet das Ende des Verses.*
DER ALTE: Unser Motto lautet auch: Jugend voran!
STIMMEN AUS DER MENGE: Wenn ihr für sie den Weg freimacht! Ihr verstopft ihn! Nieder mit den Alten!
DER ALTE: Die Alten ...
DIE MENGE: Nieder mit den Alten!
DER ALTE: ... Die Erfahrung muß auch ...
DIE MENGE: Nieder mit den Alten!
DER ALTE *schreit mit aller Stimme gegen den Lärm der Menge an*: Aber es gibt gewisse Alte, die sich noch jünger fühlen als die Jugend. *Krächzend:* Ich zum Beispiel fühle mich jung; sehr – jung, ju-ung ...
Ein Röcheln schließt ihm die Kehle. Er greift zum Kragen, reißt am Knopf, kommt zwei Schritte nach vorn und fällt auf den Boden. Die ALTEN *gehen zu ihm, während die Menge lärmt. Einer beugt sich über den Liegenden.*
ERSTER ALTER: Er ist wohl krank ...
ZWEITER ALTER: Er braucht Luft, man muß ihm die Knöpfe öffnen. *Er tut es.*
DRITTER ALTER: Kanaille!
VIERTER ALTER: Einen Arzt! Einen Arzt!
DER ARZT *kommt vor, ein Alter mit Goldrandbrille. Er fühlt den Puls, horcht das Herz ab und steht auf.*
DER ARZT *eröffnet feierlich*: Er ist tot!

DIE ALTEN *im Chor*: Er ist tot????
DER ARZT: Tot.
DIE ALTEN *im Chor*: Oooooh! *Sie decken den* ALTEN *zu.*
Vorhang.

Marinetti

DIE VERHAFTUNG

Ein elegantes Treppenhaus mit Kronleuchter. Im Hintergrund ist eine kleine Bühne. Stuhlreihen, auf denen zahlreiche ZUSCHAUER *in Abendkleidung sitzen. Viele andere* ZUSCHAUER *stehen an den Wänden. Die* ZUSCHAUER *unterhalten sich. Stimmengewirr. Der Vorhang der kleinen Bühne ist geschlossen.*
ERSTER ZUSCHAUER *zu seinem Nachbarn*: Sehr interessant ... Sie werden es sehen ... Alle haben mitgekämpft. Auch der Autor ... Sie kommen alle von der Front. Das wird spannend. Eine Exekution ... Was sagen Sie? ... Sie werden es sehen! Die Rolle des Hauptmanns spielt ein berühmter Maler ... Der Maler ... Ich habe seinen Namen vergessen. Er wurde verwundet und ausgezeichnet ... *Pause.* Was für ein wunderbares Publikum!
ZWEITER ZUSCHAUER: Da ist die eleganteste Frau von ganz Mailand.
ERSTER ZUSCHAUER: Was haben Sie gesagt? Ah, ja ... Wissen Sie das nicht? Sie ist die Geliebte des Malers, von dem ich gerade gesprochen habe.
ZWEITER ZUSCHAUER: Der da, neben ihr, das ist ein junger Philosoph. Er hat ein Buch gegen den Krieg geschrieben; man müßte Krieg vermeiden, sagt er, um in seinen Studien nicht gestört zu werden ...
ERSTER ZUSCHAUER: Und der andere junge Mann ist ein Kritiker. Nachdem er laut nach der Intervention geschrien hat, behauptet er, daß das Genie ruhig zu Hause bleiben soll und die Verrückten in den Tod ziehen lassen ...
ZWEITER ZUSCHAUER: Und wo ist das Genie?
ERSTER ZUSCHAUER: Aber! Der da übersetzt Nietzsche. In Friedenszeiten hat er vor allem mit seiner Muskelkraft angegeben. Jetzt redet er nur noch über seine körperliche Schwachheit, die ihn natürlich hindert, am Krieg teilzunehmen! ... Der andere Kritiker ist wie der vorige!
Ruhe. Der Vorhang des kleinen Theaters geht auf. Man sieht ALPENJÄGER, *die Vorbereitungen in einem Schützengraben treffen, mit Säcken und Steinen.*
HAUPTMANN *auf der kleinen Bühne*: Der Schützengraben muß im

spitzen Winkel zwischen Felsen und Gipfel angelegt werden. Das Maschinengewehr legt ihr dahin.
EIN KRITIKER *herausplatzend*: Absurd! In diesem Ton spricht man doch nicht mit Soldaten ... und ein Maschinengewehr im spitzen Winkel in einem Schützengraben ... Was für ein Blödsinn! ...
ERSTER ZUSCHAUER *zu dem* KRITIKER, *der gerade gesprochen hat*: Entschuldigen Sie ... Sie waren an der Front?
KRITIKER: Nein ... Ja ... Nein. Aber ich kenne ...
ANDERER KRITIKER: Alpenjäger aus Ägypten sind das! ... Im Schützengraben ist man anders angezogen!
ERSTER ZUSCHAUER *zu seinem Nachbarn*: Hören Sie diese Idioten! Dann soll er doch die Kämpfe beschreiben, alle diejenigen, die sein verwundeter Freund gekämpft hat ... Dem Verwundeten ging bald die Luft aus, aber warum hat er auch eine durchlöcherte Lunge ... Und jetzt führt also der Kritiker die Beschreibungen weiter aus, erzählt von Kämpfen und Schützengräben und tut so, als sei er selber dabeigewesen ...
ERSTER KRITIKER *zu seinem Nachbarn*: Der Schützengraben, sehen Sie, muß in ziemlich flachem Gelände ausgehoben werden, weil das Ziel ...
HAUPTMANN *wendet sich von der kleinen Bühne aus heftig an die* ZUSCHAUER: Schluß! Aus! Schluß damit! ... Es gefällt Ihnen alles nicht! ... Gefällt Ihnen unser Stück nicht? ... Dann kommen Sie doch herauf! Kommen Sie und erzählen Sie! *Er begibt sich, gefolgt von seinen* SOLDATEN, *unter die* ZUSCHAUER. *Sie fangen an, die* KRITIKER *zur Bühne hin zu drängen*. Aber ja! ... Ja doch! ... Fangt an zu spielen! Los, rauf mit dem Kritiker! ... Wirds bald! Los, springt auf die Bühne! ... Macht euren Angriff! ... An die Front! An die Front! ... Vorwärts mit den Kritikern!
Die SCHAUSPIELER-SOLDATEN *suchen mit ihren Bajonetten die* KRITIKER *im Saal und fordern sie auf, auf die Bühne zu gehen. Als sie endlich alle zitternd zwischen den Säcken im Schützengraben auf der Bühne stehen, lachen sich die übrigen* ZUSCHAUER *kaputt. Die* SCHAUSPIELER-SOLDATEN *setzen sich zufrieden auf die leergewordenen Plätze, jeder neben eine Frau, die Flinte zwischen den Beinen.*
DIE SOLDATEN: Ah! Ah! Ah! ... Vorwärts! Spielt! ... Ruhe! ... Wir werden

ja sehen ... Ah! Ah! ... Schöne Figur! Schöne Figur! Legt los! Macht irgendetwas! Vorwärts! Vorwärts!

HAUPTMANN *löst aus Versehen beim Gestikulieren und Aufwiegeln der Kritiker einen Schuß aus seinem Karabiner.* PENG! *Der Schuß tötet einen* KRITIKER. *Lärm, Aufregung, Rufe, Schreie der* DAMEN. *In den Saal kommt ein* ABGEORDNETER, *gefolgt von* POLIZEI.

ABGEORDNETER: Wo ist der Mörder?

DIE ZUSCHAUER: Der da! Es ist ein Kritiker! ... Er ist es. Ein Kritiker!

DER ABGEORDNETE *zur Polizei*: Nehmt ihn fest!

DIE POLIZEI: Aber wie? Es ist doch eine Leiche! ...

HAUPTMANN: Nehmt sofort seinen Gestank fest, der überlebt!

Vorhang.

Marinetti

DAS ZIMMER DES BEAMTEN
Drama der Gegenstände

Sommernacht. Ein dunkles Zimmer, in dem man keine Möbel unterscheiden kann. Ein Fenster im Hintergrund, frontal vor den Zuschauern, durch das man eine Gebirgslandschaft mit Sternenhimmel sehen kann. Zwei oder drei Schritte vor dem Fenster, in kurzen Abständen, taucht das Bajonett einer Schildwache auf, die vor dem Fenster auf und ab geht.
Aus dem Gebirge, das man durch das Fenster sieht, blinkt von ferne ein Lichtsignal.
In dem Zimmer links kann man eine Tür ahnen, unter der ein Lichtstrahl hereinfällt. Hinter dieser Tür, die in eine Amtsstube führt, hört man das Klappern einer Schreibmaschine, Papier, das zusammengeknüllt wird, und abwechselnd schnelle und langsame Schritte. Von ferne hört man Kanonendonner und, zweimal, eine Stimme über ein Megaphon.
Auf einmal klingelt ein Feldtelephon, ein Lichtstrahl läßt es auf einem Möbelstück erscheinen. Keiner nimmt ab. Dann Stille, in der man das Lichtsignal blinken sieht.
Nach wenigen Sekunden hört man aus der Amtsstube den Lärm eiliger Schritte und Türenschlagen. Dann herrscht wieder vollkommene Stille. Und, wenige Sekunden später, eine Granatenexplosion, mit lautem Getöse hört man im angrenzenden Zimmer die Decke einstürzen. Die Tür springt auf, überraschend wird das Zimmer jetzt von einem Scheinwerfer erleuchtet, und man sieht die folgenden Dinge: ein ungemachtes Feldbett, unter dem Bett, anstelle der Füße, einen Medizinkasten; auf dem Kopfkissen den Brief von einer Frau und eine Photographie; neben dem Bett, anstelle eines Nachtkästchens, einen Aktenkoffer mit Eisenbeschlägen, auf dem ein Revolver und ein offenes Notizbuch liegen; vor dem Koffer, auf dem Boden stehen ein Paar Bergsteigerschuhe mit Eisen beschlagen und eine Mütze mit Ohrenklappen mit eleganter Stickerei.
Nach einer Minute: Vorhang.

Marinetti

DIE KOMMUNIZIERENDEN GEFÄSSE

Die Bühne ist durch zwei Trennwände in drei Teile geteilt.
Erster Teil (links): Leuchtendes Zimmer. In der Mitte ein Katafalk, der von brennenden Kerzen umgeben ist; PRIESTER, *die beten;* ELTERN, *die weinen. – Zweiter Teil (Mitte): Eine Straße; vor der Tür einer Osteria ein Tisch und eine Bank, auf der eine* FRAU *sitzt. – Dritter Teil (rechts): Landschaft, Schützengräben nahe an der Rampe.*
Wenn der Vorhang aufgeht, brummeln im ersten Teil die PRIESTER *Gebete, und die* ELTERN *murmeln:* Uuuuuuuuu. *– Auf einmal eine Stimme zwischen den* ELTERN: Ein Taschendieb! *Und man sieht, wie der* TASCHENDIEB *wegläuft, zur Rampe vor und in den zweiten Raum rennt, sich neben die* FRAU *setzt, mit der er redet und trinkt. – Währenddessen kommt eine Menge* SOLDATEN *die Straße entlang und geht an der Rampe entlang.*

EIN SOLDAT *zum* DIEB: Komm mit uns!

DER DIEB: Ich komme, jawohl! Sterben für das Vaterland! *Steht auf.*

DIE FRAU *ihn zurückhaltend*: Wieso? Jetzt, wo wir uns lieben, wo wir glücklich sind, verläßt du mich? *Sie weint.*

DER DIEB *stößt* DIE FRAU *zurück, reiht sich unter die* SOLDATEN *ein, die in den dritten Raum gehen und die Schützengräben besetzen.*

EIN OFFIZIER: Zack! Zack! *Gewehrschüsse.* Vorwärts! Reißt die Mauer ein! Vorwärts!

DIE SOLDATEN *springen aus den Schützengräben, laufen nach hinten, reißen die zweite Wand ein und durchqueren den zweiten Raum.*

DER OFFIZIER *vor dem ersten Raum:* Reißt die Mauer auch ein, damit wir den Feind umzingeln!

DIE SOLDATEN *reißen die erste Wand auch ein, stürmen lautstark den ersten Raum, reißen Katafalk und Kerzen um und jagen die* ELTERN *auseinander. Zusammen mit der linken Kulisse fallen sie plötzlich alle nach hinten und feuern der Reihe nach.*
Vorhang.

Marinetti

DER SOLDAT IN DER FERNE
Strategischer Plan der Gefühle

Ein bescheiden eingerichtetes Zimmer. Ein großer Tisch, über dem eine Lampe hängt, die die Szene beleuchtet.
Links ein kleiner Kamin mit einem Feuer, an dem DIE ALTE *sitzt und an einem Brusttuch aus Schafswolle arbeitet. Die Zuschauer sehen ihr Profil. Am Tisch sitzt* DAS MÄDCHEN *mit einer Handarbeit, die Schultern dem Publikum zugewendet. Vor dem* MÄDCHEN, *auf derselben Seite des Tisches, sitzt* DER JÜNGLING, *beugt sich zum* MÄDCHEN *und redet eindringlich auf es ein, mit leiser Stimme. Man versteht nicht, was er sagt. Auf der anderen Seite des Tisches ein* SOLDAT, *wir sehen ihn im Profil von rechts nach links, unbeweglich, mit dekorierter Brust. Er muß viel größer erscheinen als die anderen Personen. In Winteruniform, wie im Schützengraben, hält er sein Gewehr und Bajonett so, daß das Bajonett zwischen dem* JÜNGLING *und dem* MÄDCHEN *fast den Rücken der* ALTEN *berührt.* DER SOLDAT *ist für die anderen Personen unsichtbar, die so tun, als ob sie ihn nicht wahrnähmen. Hinter dem* SOLDATEN *ist eine geschlossene Tür.*
DIE ALTE *mit flatternder Stimme*: Mein armer Sohn. Wie kalt wird es ihm heute nacht im Schützengraben sein!
DAS MÄDCHEN *wehrt den* JÜNGLING *ab, der ihre Hand zu nehmen versucht*: Mein Tuch wird ihn warmhalten ... Mit seinem schönen Namen darauf: Paolo, von mir gestickt ... Es wird ihm gefallen ... Aber ich habe Angst, daß es nicht ankommt ...
DIE ALTE: Oh nein ... Sie haben gesagt, daß die Post gut funktioniert. Wehe, wenn er dein schönes Geschenk nicht bekommt! ... Paolo hat mich vergessen ... Er denkt nur noch an seine Kusine!
DER JÜNGLING *versucht unterdessen unablässig, die Aufmerksamkeit des* MÄDCHENS *auf sich zu ziehen und dessen Hand zu ergreifen.* DAS MÄDCHEN *wehrt ihn immer ab, ohne ihn anzuschauen.*
Plötzlich hört man draußen, von sehr weit her, heftig, aber durch die Entfernung gebrochen, den Schrei vieler Stimmen: Savooooyen!!!
DIE ALTE *und* DAS MÄDCHEN *erheben sich und bleiben stehen, die Arme ausgestreckt, mit weit aufgerissenen Augen und gespensterhaftem*

Ausdruck in den Gesichtern. DER JUNGE *bleibt mit den Ellenbogen auf den Knien, das Gesicht zwischen den Händen, sitzen.*
In dem Augenblick, als der Rufer tönt, reißt der SOLDAT *den Mund weit auf.*
Vorhang, langsam.

Marinetti

DIE PARALLELEN

Links ein rotes Sofa, auf dem vier PROSTITUIERTE *sitzen, die in lebhaften und bunten Farben gekleidet sind. Zwischen ihnen sitzen zwei* ARBEITER *in Sonntagsanzügen. Neben dem Sofa steht die* MÄTRESSE, *in dunklen Farben gekleidet, mit einer Handtasche und Schlüsselbund über dem Bauch. (*PROSTITUIERTE *und* MÄTRESSE *dürfen nicht überzogen oder grotesk gezeichnet sein.) Die Gruppe wird von einem Scheinwerfer mit flackerndem weißen Licht beleuchtet. Müdigkeit, Langeweile, fast Starre.*

Rechts, drei Meter von der Gruppe entfernt, Felsgestein und ein bißchen Schnee. Hinter dem Felsen sind vier ALPENJÄGER, *eingemummelt und -gepackt in große Schals, die sie um die Hüften gewickelt haben. Sie halten ihre Gewehre mit daran befestigten Bajonetten im Anschlag, die Gesichter nach hinten gewendet, ins Dunkel der Bühne. Zwischen ihnen der* WACHHABENDE. *Halbdunkel, nervöse Bewegungen, um die Kälte zu verscheuchen. Wachsamkeit. Spannung. Die Rampe muß absolut dunkel sein.*

Ein POLIZEIBEAMTER *kommt langsam von links und geht zu den beiden* ARBEITERN, *sucht in ihren Taschen nach Waffen.*

POLIZIST *nach der Durchsuchung*: Gut ... Gut ...

Er geht langsam ab. Sofort danach kommt ein OFFIZIER *der Alpenjäger, vermummt wie die* SOLDATEN, *vorsichtig von rechts, versucht, Geräusche zu vermeiden, geht zum* WACHHABENDEN *und beobachtet die* SOLDATEN.

OFFIZIER: Gut ... Gut ... *Geht vorsichtig ab.*

MÄTRESSE *kaum ist der* OFFIZIER *abgegangen, mit müder Stimme, gelangweilt wie gewöhnlich*: Los, Jungs ... los ...

Zwei der PROSTITUIERTEN *erheben sich und gehen schnell und zufrieden auf die linke Kulisse zu, die beiden* ARBEITER *folgen ihnen. Die beiden anderen bleiben schläfrig auf dem Sofa sitzen. Die* MÄTRESSE *setzt sich auf den Platz des einen* ARBEITERS. *Der Scheinwerfer geht von der Gruppe langsam zur Gruppe der* GEBIRGSJÄGER *hin.*

WACHHABENDE *sobald der Scheinwerfer auf der Gruppe ist, mit leiser Stimme, aber energisch*: Los, Jungs! Los!

Plötzlich kommen die vier ALPENJÄGER, *angeführt von dem* WACHHABENDEN, *hinter dem Felsen hervor und bewegen sich auf die rechte Kulisse zu, ziehen Kurven mit gezogenem Bajonett. Als sie abgegangen sind, streift der Scheinwerfer die Steine und geht aus.*
Vorhang.

Marinetti

DIE SIEBENSCHLÄFER

Winterliche Alpenlandschaft. Nacht. Schnee, Felsen, Steine. Ein Zelt, das innen von einer Kerze beleuchtet ist. MARINETTI, *Soldat, in einen Mantel gewickelt, eingemummelt, hält neben dem Zelt Wache. In dem Zelt ist* BOCCIONI, *auch Soldat, man sieht ihn nicht.*
MARINETTI *leise*: Mach das Licht aus ...
BOCCIONI *aus dem Zelt*: Aber was! Wenn sie gewollt hätten, dann hätten sie auch bei Tag schießen können.
MARINETTI: Es ist kalt! ... Es ist noch Honig in der Flasche, wenn du magst, links mußt du suchen ...
BOCCIONI *aus dem Zelt*: Der braucht eine Stunde um durchzufließen! ... Nein, mir ist es jetzt zu viel, den Arm aus dem Sack zu nehmen ... Wie angenehm es hier drinnen ist! Sie können kommen, wann sie wollen ... Das Zelt mit dem Bajonett durchbohren ... Ich bewege mich nicht. Ich habe noch fünf Minuten, um diese schöne Wärme zu genießen! ...
MARINETTI: Sssst! ... Hör mal! Hörst du nicht die Kieselsteine rollen?
BOCCIONI *aus dem Zelt*: Nein, ich höre nichts ... Es werden die Siebenschläfer sein ... Ich komme raus ...
Unterdessen sieht das Publikum einen ÖSTERREICHISCHEN SOLDATEN, *der, von der Wache unbemerkt, auf dem Bauch, das Bajonett zwischen den Zähnen, zwischen Felsen und großen Steinen auf das Zelt zukriecht.*
BOCCIONI *kommt aus dem Zelt, er ist auch eingemummt und hat ein Gewehr.*
MARINETTI: Mach die Kerze aus.
BOCCIONI *beugt sich halb ins Zelt und löscht das Licht. Für ein paar Sekunden schauen sich die beiden Soldaten aufmerksam um, suchen mit den Augen die Felsen und Steine ab.* DER ÖSTERREICHER *bleibt unbeweglich, für sie unsichtbar, hinter einem großen Stein.*
MARINETTI: Sssst! ... Hör mal!
BOCCIONI: Nichts ... Also welcher Idiot umgibt sich in seiner Feigheit und in seinem Dreck jetzt mit einem Heiligenschein an Bedeutung und vergnügt sich damit, mich der Oberflächlichkeit zu beschuldi-

gen ... *Er ändert den Ton:* Schau mal, da ... Es sind drei. Schön. Sehen aus wie Eichhörnchen.

MARINETTI: Zwischen einer Maus und einem Eichhörnchen ... Wir legen hier den Brotbeutel mit ein bißchen Brot in den Schnee ... Da gehen sie bestimmt rein ... wirst es sehen ... Sssst! Hör mal! Nichts! *Den Ton ändernd:* Alle die, die nicht im Krieg fallen, werden den Kampf gegen die gelehrten Mähnen aufnehmen ... und die supermoderne Kahlheit der Bogenlampen preisen!

Sie legen den Brotbeutel in den Schnee, zwei Meter von dem großen Stein entfernt; dann gehen sie zurück, um bei dem Zelt Wache zu stehen. DER ÖSTERREICHER *kriecht mit größter Vorsicht und der Langsamkeit eines Uhrzeigers weiter auf sie zu. Plötzlich hört man in der Ferne das Taktaktak eines Maschinengewehrs. Von hinten tritt ein vermummter* OFFIZIER *auf.*

OFFIZIER: Befehl des Hauptmanns! Alles vorwärts! Auf dem Boden kriechen. Die Bajonette abnehmen, sichern.

Er geht langsam in die Kulisse ab. Die beiden SOLDATEN *folgen ihm, die Gewehre schießbereit.* DER ÖSTERREICHER, *noch immer ungesehen, verharrt unbeweglich auf dem Boden zwischen den Steinen. Völliges Dunkel. Im Dunkeln hört man eine Granate detonieren. Das Licht wird wie vorher. Rauch verzieht sich. Das Zelt ist abgebaut. Felsentrümmer, zwischen denen* DER ÖSTERREICHER *unbeweglich liegt, jetzt allerdings vollkommen sichtbar. Die beiden* SOLDATEN *kommen zurück.*

MARINETTI *im Kreis schauend*: Kein Zelt mehr ... zusammengebrochen! ... Der Brotbeutel ist natürlich leer ... *Er sieht den* ÖSTERREICHER. Oh! Eine Leiche ... erwischt ... ein Österreicher! Er hat das Gesicht eines Philosophieprofessors! ... Sehr freundlich, diese Granate!

Vorhang.

Marinetti

RUNIO CLACLA

Saal einer großen Ausstellung des FUTURISTISCHEN MALERS BALLA, *in 5 Jahren.* DAMEN, HERREN, FUTURISTEN, *ein* BUCKLIGER AUSSTELLUNGSWÄRTER, *ein* MINISTER.

DAS PUBLIKUM: Da ist der Minister ...
Er kommt, um dem Maler Balla die große Ordenskette zu überreichen.
Es wäre vielleicht besser, ihm 20.000 Lire zu geben!
Aber was für eine Ehre!
Was für einen langen Weg die Futuristen zurückgelegt haben!
Aber sag mir die Wahrheit ... Verstehst du, was dieses Bild bedeutet?
Er zeigt auf das größte Bild der Ausstellung.
DER MALER *tritt auf*: Runio clacla rimiriri Runioooo!
DER MINISTER *geht ihm entgegen und überreicht ihm die Kette.*
DER MALER *nimmt die Kette und hängt sie dem* BUCKLIGEN AUSSTELLUNGSWÄRTER *um den Hals.*
DAS PUBLIKUM: Gut! Gut! Sehr gut. Die Kette wird ihm Glück bringen!
DER MALER *nimmt das größte Bild von der Wand und stellt es mit der Rückseite nach vorn auf den Boden, um es den* FUTURISTEN *zu zeigen.*
DIE FUTURISTEN *stürzen sich mit Gewalt auf das Bild, drücken es ein, fallen durch den Rahmen und bleiben blutüberströmt liegen und schreien*: Runio clacla rimiriri!
EINIGE FUTURISTEN *nehmen die anderen Bilder von der Wand, halten sie sich mit beiden Händen über die Köpfe, drücken sie sich mit Kraft über den Kopf und verlassen lautstark den Raum mit den zerstörten Bildern als Kragen und singen*:
Runio clacla rimiriri
Runio clacla rimiriri.
Vorhang.

Marinetti

Manifeste

DAS VARIETÉ
1913

Das zeitgenössische Theater (Verse, Prosa und Musik) widert uns an, denn es schwankt zwischen einer historischen Rekonstruktion (Sammelsurium oder Plagiat) und einer photographischen Wiedergabe unseres täglichen Lebens hin und her; ein pedantisches, langatmiges, analytisches und verwässertes Theater, das bestenfalls dem Zeitalter der Petroleumlampen entsprochen hat.

DER FUTURISMUS VERHERRLICHT DAS VARIETÉ, denn:
1. Das Varieté, das gleichzeitig mit uns aus der Elektrizität entstanden ist, hat zum Glück weder Tradition noch Meister oder Dogmen, sondern lebt von Aktualität.
2. Das Varieté dient rein praktischen Zwecken, denn es sieht seine Aufgabe darin, das Publikum durch Komik, erotischen Reiz oder geistreiches Schockieren zu zerstreuen und zu unterhalten.
3. Die Autoren, die Schauspieler und die Techniker des Varietés haben eine einzige Daseinsberechtigung und Erfolgschance: ständig neue Möglichkeiten zu ersinnen, um die Zuschauer zu schokkieren. Auf diese Weise sind Stagnation und Wiederholung völlig unmöglich, und die Folge ist ein Wetteifer der Gehirne und Muskeln, um die verschiedenen Rekorde an Geschicklichkeit, Geschwindigkeit, Kraft, Komplikationen und Eleganz zu überbieten.
4. Das Varieté ist heute die einzige Theaterform, die sich den Film zunutze macht. Dieser bereichert es um eine sehr große Zahl von Bildern und auf der Bühne nicht realisierbaren Darstellungen (Schlachten, Aufruhr, Rennen, Autorennen und Wettfliegen, Reisen, Überseedampfer, Tiefendimension der Stadt, des Landes, der Meere oder der Himmel).
5. Das Varieté ist ein lohnendes Schaufenster für unzählige Erfindungen und bringt ganz natürlich das zustande, was ich die *futuristischen Wunder* nenne, die ein Produkt der modernen Technik sind. Hier einige Bestandteile dieser Wunder: 1. starke Karikaturen,

2. Abgründe der Lächerlichkeit, 3. kaum fühlbare und köstliche Ironie, 4. verwirrende und endgültige Symbole, 5. Wasserfälle unbezähmbarer Heiterkeit, 6. tiefe Analogien zwischen der Menschheit einerseits und der Tier-, Pflanzen- und Maschinenwelt andererseits, 7. kurz aufblitzender Zynismus, 8. Geflecht aus geistreichen Witzen, Wortspielen und Rätseln, die dazu dienen, die Intelligenz angenehm zu lüften, 9. die ganze Tonleiter des Lachens und des Lächelns zur Entspannung der Nerven, 10. die ganze Skala der Dummheit, des Blödsinns, des Unsinns und der Absurdität, die die Intelligenz unmerklich bis an den Rand des Wahnsinns führen, 11. all die neuen Bedeutungen des Lichtes, des Tones, des Geräusches und des Wortes, die sich geheimnisvoll und unerklärlich bis in die unerforschtesten Teile unserer Sensibilität fortsetzen, 12. eine Reihe von Ereignissen, die rasch abgefertigt werden, und Persönlichkeiten, die von rechts nach links in zwei Minuten über die Bühne geschoben werden (»und nun werfen wir einen Blick auf den Balkan«: König Nikolaus, Enver Pascha, Danev, Venizelos, Tiefschläge und Ohrfeigen zwischen Serben und Bulgaren, ein Couplet, und alles verschwindet), 13. lehrreiche satirische Pantomimen, 14. Karikaturen des Schmerzes und der Sehnsucht, die durch Gebärden, die durch ihre spasmodische, zögernde und schläfrige Langsamkeit auf die Nerven gehen, sehr einprägsam sind; ernste Worte, die durch komische Gesten lächerlich gemacht werden; wunderliche Verkleidungen, entstellte Worte, Grimassen, Narrenstreiche.

6. Das Varieté ist heute der Schmelztiegel, in dem die Elemente einer neuen, im Kommen begriffenen Sensibilität sieden. Zu ihnen gehört das ironische Zerlegen aller Prototypen, die durch das Schöne, das Große, das Feierliche, das Religiöse, das Grausame, das Verführerische und das Ungeheuerliche verdorben worden sind, und ebenso die abstrakte Erarbeitung der neuen Prototypen, die ihre Nachfolge antreten werden.

Das Varieté ist folglich die Synthese all dessen, was die Menschheit bisher in ihren Nerven herauskristallisiert hat, um sich lachend vom materiellen und moralischen Schmerz abzulenken. Es ist ferner der Siedekessel allen Gelächters, allen Lächelns, allen Hohngelächters, aller Verrenkungen und aller Grimassen der künftigen Menschheit. Hier genießt man die Fröhlichkeit, die die Menschen in hundert Jahren mit sich reißen wird, ihre Poesie, ihre Malerei, ihre Philosophie und die sprunghafte Entwicklung ihrer Architektur.

7. Das Varieté bietet auf Grund seines Dynamismus von Form und Farbe (Simultanbewegung der Taschenspieler, Ballerinen, Turner, Reiter in bunten Kostümen, spiralförmige Zyklone von Tänzern, die auf den Fußspitzen einherhüpfen) das hygienischste aller Schauspiele. Mit seinem schnellen und mitreißenden Tanzrhythmus rüttelt das Varieté zwangsläufig auch die abgestumpftesten Gemüter aus ihrer Trägheit auf und zwingt sie, ebenfalls zu rennen und zu springen.

8. Das Varieté ist das einzige Theater, das sich die Mitarbeit des Publikums zunutze macht. Dieses bleibt nicht unbeweglich wie ein dummer Gaffer, sondern nimmt lärmend an der Handlung teil, singt mit, begleitet das Orchester und stellt durch improvisierte und wunderliche Dialoge eine Verbindung zu den Schauspielern her. Diese polemisieren ihrerseits zum Spaß mit den Musikern.

Das Varieté nützt auch den Rauch der Zigarren und Zigaretten aus, um die Atmosphäre des Publikums mit der der Bühne zu verschmelzen. Und weil das Publikum auf diese Weise mit der Phantasie der Schauspieler zusammenarbeitet, spielt sich die Handlung gleichzeitig auf der Bühne, in den Logen und im Parkett ab. Sie setzt sich nach Schluß der Aufführung zwischen den Bataillonen der Bewunderer in Smoking mit Monokel fort, die sich am Ausgang drängen, um sich den *Star* streitig zu machen. Doppelter Endsieg: schickes Essen und Bett.

9. Das Varieté ist für den Mann eine lehrreiche Schule der Aufrichtigkeit, denn es verherrlicht seinen Raubtierinstinkt und reißt der Frau alle Hüllen, alle Phrasen, alle Seufzer und alles romantische Schluchzen vom Leib, die sie verunstalten und tarnen. Es läßt dafür alle die bewundernswerten animalischen Eigenschaften der Frau hervortreten, ihre Fähigkeit einzufangen, zu verführen, treulos zu sein und Widerstand zu leisten.

10. Das Varieté ist eine Schule des Heroismus, weil gewisse Schwie-

rigkeitsrekorde erreicht und gewisse Kraftanstrengungen überboten werden müssen. Auf der Bühne entsteht dadurch das starke und gesunde Klima der Gefahr (z. B. Salti mortali, *Looping the loop* mit dem Fahrrad, dem Auto, zu Pferde).

11. Das Varieté ist eine Schule der Spitzfindigkeit, der Kompliziertheit und geistigen Synthese durch seine Clowns, seine Taschenspieler, Gedankenleser, Rechenkünstler, Komiker, Imitatoren und Parodisten, seine Musical-Clowns und seine exzentrischen Amerikaner, deren phantastische Schwangerschaften unwahrscheinliche Gegenstände und Mechanismen zu Tage fördern.

12. Das Varieté ist die einzige Schule, die man den Jugendlichen und den begabten jungen Männern empfehlen kann, weil es auf eindringliche und rasche Weise die sentimentalsten und verschrobensten Probleme und die verzwicktesten politischen Ereignisse erklärt. Beispiel: Vor einem Jahr haben zwei Tänzer in den Folies-Bergère die Verhandlungen von Cambon und Kiderlen-Waechter über die Marokko- und Kongofrage durch einen symbolischen und vielsagenden Tanz dargestellt, der zumindest ein dreijähriges Studium der Außenpolitik ersetzt hat. Die beiden, zum Publikum hingewandten Tänzer machten sich mit verschränkten Armen, eng nebeneinander stehend, gegenseitige Gebietszugeständnisse, sprangen nach vorn und nach hinten, nach rechts und nach links, ohne müde zu werden, wobei sie beide fest ihr Ziel im Auge behielten: sich gegenseitig zu überlisten. Sie erweckten den Eindruck von größter Höflichkeit, von einer unübertrefflich diplomatischen Mischung aus Grausamkeit, Mißtrauen, Hartnäckigkeit und Pedanterie.

Ferner bietet das Varieté eine einleuchtende Erklärung der herrschenden Gesetze des modernen Lebens:

a) die Notwendigkeit von Komplikationen und verschiedenen Rhythmen;

b) die fatale Nützlichkeit der Lüge und des Widerspruchs (z. B. englische Tänzerinnen mit doppeltem Gesicht: Hirtenmädchen und furchterregender Soldat);

c) die Allmacht eines methodischen Willens, der die menschlichen Kräfte modifiziert und verhundertfacht;

d) Simultaneität von Geschwindigkeit + Verwandlungen (z. B. Fregoli).

13. Das Varieté verachtet systematisch die ideale Liebe und ihre Romantik, indem es bis zum Überdruß, mit der Monotonie und der Automatik der täglichen Routine, die sehnsüchtigen Schwärmereien der Leidenschaft wiederholt. Es mechanisiert das Gefühl auf eigenartige Weise, verachtet die Zwangsvorstellung des fleischlichen Besitzes und gibt ihr einen hygienischen Fußtritt, erniedrigt die Wollust zur natürlichen Funktion des Koitus, beraubt sie jeden Geheimnisses, jeder deprimierenden Angst und jedes anti-hygienischen Idealismus.

Das Varieté hat hingegen Sinn und Geschmack an den leichten, unkomplizierten und ironischen Liebeleien. Die Kabarettvorstellungen im Freien auf den Terrassen der *Casinos* bieten eine höchst vergnügliche Schlacht zwischen dem spasmodischen Mondschein, der schrecklich gequält und verzweifelt ist, und dem elektrischen Licht, das heftig auf dem falschen Schmuck, dem geschminkten Fleisch, den bunten Röckchen, dem Samt, dem Flitter und dem falschen Rot der Lippen zurückprallt. Natürlich siegt das energiegeladene elektrische Licht, und der weiche und dekadente Mondschein wird besiegt.

14. Das Varieté ist von Natur aus antiakademisch, primitiv und naiv, und deshalb kommt der Improvisation seiner Experimente und der Einfachheit seiner Mittel eine um so größere Bedeutung zu (z. B. der systematische Gang um die Bühne, den die Chansonetten am Ende jedes Couplets wie wilde Tiere im Käfig machen).

15. Das Varieté zerstört das Feierliche, das Heilige, das Ernste und das Erhabene in der Kunst. Es hilft bei der futuristischen Vernichtung der unsterblichen Meisterwerke mit, weil es sie plagiiert, parodiert, auf zwanglose Art präsentiert, ohne Apparat und ohne Zerknirschtheit, wie eine x-beliebige Attraktion. So billigen wir bedingungslos die Aufführung des *Parsifal* in 40 Minuten, die in einem großen Varieté in London vorbereitet wird.

16. Das Varieté macht alle unsere Vorstellungen von Perspektive, Proportion, Zeit und Raum zunichte (z. B. einige exzentrische Amerikaner öffnen eine kleine Tür in einem kleinen Zaun von 30 cm

Höhe, der isoliert mitten auf der Bühne steht, gehen durch sie durch und machen sie, wenn sie zum zweiten Mal durchgehen, wieder ganz ernsthaft zu, als ob es gar keine andere Möglichkeit gäbe).

17. Das Varieté bietet uns alle bisher erreichten Rekorde: Höchstgeschwindigkeit und höchste Gleichgewichtsakrobatik der Japaner, höchste Anspannung der Muskeln der Neger, höchste Entwicklung der Intelligenz der Tiere (dressierte Pferde, Elefanten, Seehunde, Hunde und Vögel); die größte melodische Inspiration des Golfes von Neapel und der russischen Steppen, ein Höchstmaß an Pariser Esprit, den größten Kräftevergleich der verschiedenen Rassen (Ringen, Boxen), die größte anatomische Monstrosität und die höchste Schönheit der Frau.

18. Während das heutige Theater das verinnerlichte Leben, die schulmeisterliche Meditation, die Bibliothek, das Museum, die monotonen Gewissenskämpfe, die dummen Analysen der Gefühle, kurzum die Psychologie (ein schmutziges Ding und ein schmutziges Wort) verherrlicht, preist das Varieté die Tat, den Heroismus, das Leben im Freien, die Geschicklichkeit, die Autorität des Instinktes und der Intuition. Der Psychologie hält es entgegen, was ich die *Psychotollheit* nenne.

19. Das Varieté bietet außerdem all den Ländern, die keine große, einmalige Hauptstadt haben (so z. B. Italien) ein brillantes Resümee von Paris, das als die einzige und verwirrende Heimstätte des Luxus und des hyperraffinierten Vergnügens gilt.

DER FUTURISMUS WILL DAS VARIETÉ IN EIN THEATER DER SCHOCKWIRKUNGEN, DES REKORDS UND DER PSYCHOTOLLHEIT VERWANDELN.

1. In den Varietévorstellungen müssen die Logik völlig aufgehoben, der Luxus übertrieben, die Kontraste vervielfältigt werden, und auf der Bühne müssen das Unwahrscheinliche und das Absurde herrschen (Beispiel: die Chansonetten müssen sich das Dekolleté, die Arme und besonders die Haare in all den Farben färben, die bisher als Mittel der Verführung vernachlässigt worden sind. Grüne Haare, violette Arme, blaues Dekolleté, orangefarbener Chignon usw. Ein Chanson wird unterbrochen und durch eine

revolutionäre Rede fortgesetzt. Eine Romanze wird mit Beleidigungen und Schimpfworten übergossen usw.).

2. Man muß verhindern, daß sich im Varieté Traditionen herausbilden. Man muß deshalb die Pariser Revuen bekämpfen und abschaffen, die mit ihren Compère und Commère, die die Funktion des antiken Chores erfüllen, dumm und langweilig wie eine griechische Tragödie sind. Das gleiche gilt für das Revuepassieren von politischen Persönlichkeiten und Ereignissen, die von geistreichen Worten mit lästiger Logik und Abfolge begleitet werden. Das Varieté darf nämlich nicht das sein, was es leider heute noch ist: eine mehr oder weniger humorvolle Zeitung.

3. Man muß die Überraschung und die Notwendigkeit zu handeln unter die Zuschauer des Parketts, der Logen und der Galerie tragen. Hier nur ein paar Vorschläge: auf ein paar Sessel wird Leim geschmiert, damit die Zuschauer – Herr oder Dame – kleben bleiben und so die allgemeine Heiterkeit erregen (der Frack oder das beschädigte Kleid wird selbstverständlich am Ausgang ersetzt). – Ein und derselbe Platz wird an zehn Personen verkauft, was Gedrängel, Gezänk und Streit zur Folge hat. – Herren und Damen, von denen man weiß, daß sie leicht verrückt, reizbar oder exzentrisch sind, erhalten kostenlose Plätze, damit sie mit obszönen Gesten, Kneifen der Damen oder anderem Unfug Durcheinander verursachen. – Die Sessel werden mit Juck-, Niespulver usw. bestreut.

4. Man muß auf der Bühne systematisch die gesamte klassische Kunst prostituieren, indem man zum Beispiel an einem einzigen Abend sämtliche griechischen, französischen und italienischen Tragödien in Kurzform oder in einer komischen Mischung aufführt. – Die Werke von Beethoven, Wagner, Bach, Bellini und Chopin werden durch Einfügen neapolitanischer Lieder belebt. – Auf der Bühne treten Seite an Seite Zacconi, die Duse und Mayol, Sarah Bernhardt und Fregoli auf. – Eine Symphonie von Beethoven wird rückwärts, mit der letzten Note beginnend, gespielt. – Shakespeare wird auf einen einzigen Akt reduziert. – Das gleiche tut man mit den ehrwürdigsten Autoren. *Ernani* läßt man von Schauspielern aufführen, die bis zum Hals in Säcken stecken, und die Bretter der Bühne

werden eingeseift, um im tragischsten Augenblick vergnügliche Purzelbäume zu provozieren.

5. Auf jede erdenkliche Weise muß man die *Gattung* der *Clowns* und der exzentrischen Amerikaner fördern, ihre erhebend grotesken und erschreckend dynamischen Effekte, ihre derben Gags, ihre enorme Brutalität, ihre Westen mit Überraschungseffekten und ihre Hosen, die tief wie die Kiele der Schiffe sind. Daraus wird mit vielen anderen Dingen die große futuristische Heiterkeit hervorgehoben, die das Gesicht der Welt verjüngen soll.

Denn, vergeßt es nicht, wir Futuristen sind JUNGE AUSGELASSENE KÜNSTLER wie wir in unserem Manifest ›*Tod dem Mondschein*‹ verkündet haben. Feuer + Feuer + Licht gegen den Mondschein und die alten Firmamente, jeden Abend Krieg   große Städte schwingen Leuchtreklamen   Riesengesicht eines Negers (30 m hoch + 150 m Höhe des Hauses = 180 m) Öffnen Schließen Öffnen Schließen Goldauge (Höhe 3 m) RAUCHT MANOLI RAUCHT MANOLI ZIGARETTEN Frau im Hemd (50 m + 120 m Höhe des Hauses = 170 m) violettes, rosiges, lila Mieder schnüren lösen   Sekt elektrischer Glühbirnen in einem Kelch (30 m) perlen verdunsten in einem Schattenmund   Leuchtreklamen verhüllen sich, sterben unter einer schwarzen, festen Hand, erscheinen wieder, bleiben, setzen in der Nacht die Mühe des menschlichen Tages fort Mut + Tollheit sterben niemals bleiben nicht stehen und schlafen nicht ein.

Leuchtreklamen = Formation und Zerfall von Mineralien und Pflanzen Mittelpunkt der Erde   Blutzirkulation in den eisernen Gesichtern der futuristischen Häuser Belebung, Rotwerden (Freude, Zorn, los, los, schnell noch, noch mehr) sobald die pessimistische, verneinende, sentimentale, sehnsüchtige Finsternis die Stadt belagert. Strahlendes   Erwachen der Straßen, die während des Tages das dampfende Gewühl der Arbeit kanalisieren zwei Pferde (Höhe 30 m) lassen goldene mit einem Huf Kugeln rollen   MONA LISA ABFÜHRMITTEL   es kreuzen sich trrr trrrr hochgeliftet über dem Kopf trombeebeeebeettee pfeiiiiifen Sirenen   von Krankenwagen + elektrischen Pumpen   die Straßen verwandeln sich in herrliche Korridore, führen, schieben mit logischer Notwendigkeit die Menge zu Angst + Heiterkeit + Lärm des Varietés   FOLIES-BERGÈRE EMPIRE ELLYPSE-CREME rote rote rote blaue blaue blaue violette Quecksilberröhrchen   riesige Buchstaben-Aale aus Gold Feuer Purpur Diamant, futuristische Herausforderung an die weinerliche Nacht   Niederlage der Sterne Wärme Enthusiasmus Glaube Überzeugung Wille, eine Leuchtreklame durchdringt das gegenüberliegende Haus Gelbe Ohrfeigen jenem Gichtleidenden in bibliophilen Pantoffeln, der sein Schläfchen hält   3 Spiegel blicken auf ihn   die Reklame taucht in die drei rotgoldenen Abgründe unter Öffnen, Schließen, Öffnen, Schließen der Schlünde von 3 Milliarden Kilometer Schrecken ausgehen ausgehen schnell Hut Stock Treppe Taxi Stoßen kee-kee-ee geschafft   Aufleuchten des Wandelganges   Feierlichkeit der Panther-Kokotten zwischen den Wendekreisen der leichten Musik   runder und warmer Duft der Fröhlichkeit des Varietés = unermüdlicher Ventilator des futuristischen Gehirns der Welt.

Marinetti

DAS FUTURISTISCHE SYNTHETISCHE THEATER
Manifest vom Januar 1915

In Erwartung unseres großen, so sehr ersehnten Krieges veranstalten wir Futuristen unsere gewaltsame anti-neutrale Aktion in der Universität und auf Plätzen; mit unserer künstlerischen Aktion wollen wir die Sensibilität Italiens auf die große Stunde der höchsten Gefahr vorbereiten. Italien muß furchtlos und wütend sein, schnell und beweglich wie ein Fechter, Schläge einstecken können wie ein Boxer, gleichgültig bei der Verkündung eines Sieges, der fünfzigtausend Tote gekostet hat, oder bei der Verkündung einer Niederlage.
Damit Italien lernt, sich blitzschnell zu entscheiden, jede Anstrengung und jedes erdenkliche Unglück in Kauf zu nehmen; alles das kommt in den Büchern und Zeitungen nicht vor. Sie interessieren und beschäftigen nur eine Minderheit, die aus mehr oder weniger feigen, beschränkten und bremsenden Leuten besteht, die nur den Enthusiasmus abkühlen, den Schlag anhalten und den Zweifel ins Volk werfen, das sich damit dann herumschlagen muß. Der Krieg, der intensivierte Futurismus, befiehlt ZU MARSCHIEREN NICHT ZU VERSCHIMMELN in Bibliotheken und Lesesälen. WIR GLAUBEN DAHER, DASS MAN HEUTE DIE SEELE ITALIENS MIT NICHTS ANDEREM BEEINFLUSSEN KANN ALS MITTELS DES THEATERS. Tatsächlich gehen 90 % der Italiener ins Theater, während nur 10 % Bücher und Zeitschriften lesen.
Deshalb ist ein FUTURISTISCHES THEATER notwendig, d. h. es muß absolut gegen das traditionalistische (passatistische) gerichtet sein, das seine monotonen und deprimierenden Kreise auf den schlafenden italienischen Bühnen zieht.
Ohne gegen das historische Theater zu wettern, das eine ekelhafte und selbst vom traditionalistischen Publikum schon abgelehnte Form ist, verdammen wir das gesamte zeitgenössische Theater, weil es zu langatmig ist, analytisch, pedantisch, psychologisch, erklärend, verwässert, peinlich, statisch, voller Vorschriften wie

eine Polizeiwache, in Zellen eingeteilt wie ein Kloster, schimmlig wie ein altes unbewohntes Haus. Im Ganzen ist es ein pazifistisches, neutralistisches Theater vollkommen im Gegensatz zu der wilden, umwälzenden und synthetisierenden Geschwindigkeit des Krieges.

Wir schaffen ein futuristisches Theater, das ist:

SYNTHETISCH

d. h. äußerst kurz. Verdichtet in wenigen Minuten, wenigen Worten und wenigen Gesten unzählige Situationen, Empfindungen, Ideen, Gefühle, Fakten und Symbole.

Die Schriftsteller, die das Theater erneuern wollen (Ibsen, Maeterlinck, Andrejew, Paul Claudel, Bernard Shaw) denken nicht daran, eine wirkliche Synthese herzustellen und sich von einer Technik zu befreien, zu der Weitschweifigkeit, peinliche Analysen und langatmige Vorbereitungen gehören. Das Publikum sitzt vor den Werken dieser Autoren in der widerlichen Haltung einer Runde von Nichtstuern, die sich in ihrem Leid baden und vor Mitleid beim Anblick eines auf dem Pflaster verendenden Pferdes zerfließen. Der am Ende doch losbrechende Applaus befreit den Magen des Publikums von all dem unverdaulichen Zeug, das sie in sich hineingestopft haben. Jeder Akt ist wie das geduldige Warten im Vorzimmer, bis der Minister (Theatercoup: Kuß, Schießerei, enthüllende Worte etc.) einen empfängt. Anstatt Handlungen und Ideen in wenigen Gesten und Worten zusammenzufassen, zerstört dieses traditionalistische und halb-futuristische Theater die Vielfalt der Orte (Quelle der Überraschung und der Dynamik) und stopft verschiedene Landschaften, Plätze, Straßen in die eine Wurst eines Zimmers. Deshalb ist dieses Theater so statisch.

Wir sind davon überzeugt, daß man fast mechanisch, mit der Kraft der Kürze ein absolut neues Theater herstellen kann, das mit unseren schnellen und lakonischen Empfindungen vollkommen übereinstimmt. Unsere Akte können nur *Momente* sein, d. h. sie dauern nur einige Sekunden. Durch diese wesentliche und zusammenfassende Kürze wird das Theater den Wettbewerb gegen das *Kino* aufnehmen, wenn nicht ihn sogar gewinnen können.

ATECHNISCH

Im traditionalistischen Theater zwingt die literarische Form den Geist der Autoren zur Anpassung und Verstümmelung. In dieser Form, viel mehr als in der Lyrik oder im Roman, herrschen die *Erfordernisse der Technik*: 1. Verwirf jede Konzeption, die nicht dem Geschmack des Publikums entspricht; 2. finde einen theatralischen Vorwurf (der auf wenigen Seiten dargestellt werden kann) und dehne ihn auf zwei, drei, vier Akte; 3. umgib den wichtigen Charakter mit vielen unerheblichen Leuten: komische Figuren, bizarre Typen und andere Quälgeister; 4. sorge dafür, daß jeder Akt zwischen einer halben und einer dreiviertel Stunde dauert; 5. beachte bei der Konstruktion der Akte: a) fange mit sieben oder acht völlig überflüssigen Seiten an; b) benutze ein Zehntel des Entwurfs im ersten Akt, fünf Zehntel im zweiten, vier Zehntel im dritten Akt; c) steigere in jedem Akt die Spannung, was so viel heißt: jeder Akt ist nichts anderes als die Vorbereitung auf das Finale; d) halte den ersten Akt unbedingt *langweilig*, damit der zweite *unterhaltend* sein kann und der dritte *ergreifend*; 6. bereite jede wesentliche Stelle des Dialogs mit hundert oder mehr unwesentlichen vor; 7. widme einem Auftritt oder einem Abgang nie weniger als eine Seite gründlicher Erklärung; 8. sorge systematisch für einen *Ablauf äußerer Veränderungen* im Inneren des Werkes. D. h.: ein Akt spielt z. B. am Tag, einer am Abend und einer mitten in der Nacht; mache einen Akt pathetisch, einen sorgenvoll und einen erhebend; wenn ein Dialog zwischen zwei Schauspielern zu verlängern ist, dann führe irgendetwas zur Unterbrechung ein: eine umfallende Vase, ein fernes Mandolinenständchen ... Oder halte die beiden Personen ständig in Bewegung: vom Sitzen auf die Füße, von rechts nach links, und verändere den Dialog so, daß der Eindruck entsteht, es könne jederzeit draußen eine Bombe explodieren (z. B. der betrogene Ehemann entreißt seiner Frau das Beweisstück), ohne daß wirklich etwas explodiert, es sei denn am Ende des Aktes; 9. beschäftige dich vor allem mit der *Glaubwürdigkeit der Handlung*; 10. das Publikum *muß immer das Wie und Warum jeder szenischen Aktion in seiner Komplexität begreifen und vor allem im letzten Akt genau wissen, wie die Hauptfiguren enden.*

Wir wollen mit unserer synthetisierenden Bewegung im Theater diese von den Griechen herkommende Technik zerstören. Denn anstatt zu vereinfachen, ist sie immer dogmatischer, logisch bis zur Verdummung, peinlich, pedantisch und erdrückend geworden.

DESHALB:

1. IST ES DUMM, HUNDERT SEITEN ZU SCHREIBEN, WO EINE GENÜGEN WÜRDE, nur weil das Publikum aus Gewohnheit und Infantilismus darauf besteht, den Charakter einer Person durch eine Kette von Ereignissen kennenzulernen, um sich der Illusion hingeben zu können, diese Person existiere in der Wirklichkeit, und um die hohen Werte der Kunst bewundern zu können. Einem Autor, der dasselbe in wenigen Zügen ausdrückt, mißt es diesen Wert nicht bei.

2. IST ES DUMM, nicht gegen dieses Vorurteil des Theatralischen anzugehen, wenn das Leben selbst (das sich aus *unendlich viel plumperen Ereignissen zusammensetzt, die geordneter und vorhersehbarer* sind als die, die in der Kunst entwickelt werden) *untheatralisch* ist, aber selbst darin *unzählige szenische Möglichkeiten* bietet. ALLES, WAS WICHTIG IST, IST THEATRALISCH.

3. IST ES DUMM, die primitive Erwartung der Masse zu befriedigen, die immer am Ende den Triumph des Guten und die Niederlage des Bösen sehen will.

4. IST ES DUMM, sich mit der Wahrscheinlichkeit zu beschäftigen; (das ist die reine Absurdität, da Kunst und Genie nichts mit ihr zu tun haben.)

5. IST ES DUMM, alles, was gezeigt wird, logisch und genau erklären zu wollen. Auch im Leben zeigt sich kein Ereignis ganz, mit all seinen Ursachen und Konsequenzen. Die Ereignisse in der Wirklichkeit passieren *überfallartig, schubweise in lose miteinander verbundenen Bruchstücken, unzusammenhängend, konfus, verwirrend und chaotisch.* Z. B. ist es dumm, auf der Bühne den Streit zwischen zwei Personen zusammenhängend, mit Logik und Klarheit darzustellen. In unserer täglichen Erfahrung bekommen wir nur Bruchteile eines Streites mit, dem wir in unserer modernen Beweglichkeit nur *einen Moment lang* beigewohnt haben, in der Straßenbahn, im Café, auf dem Bahnhof, und den wir in unser Gedächtnis einfo-

tografiert haben wie eine dynamische fragmentarische Symphonie aus Gesten, Worten, Geräuschen und Licht.

6. IST ES DUMM, die Auflagen von *Steigerung, Exposition* und dem *Schlußeffekt* zu erfüllen.

7. IST ES DUMM, seinem eigenen Genie eine Technik aufzuerlegen, *die alle* (selbst die Schwachsinnigen) *durch eifriges Studium, durch Üben und Geduld lernen können.*

8. IST ES DUMM, AUF DEN DYNAMISCHEN SPRUNG INS WEITE DER TOTALEN KREATIVITÄT, AUSSERHALB ALLER SCHON EROBERTEN GEBIETE, ZU VERZICHTEN.

DYNAMISCH, SIMULTAN

d. h.: geboren aus der Improvisation, der blitzartigen Intuition, aus der suggestiven und entdeckungsreichen Aktualität. Wir glauben, daß eine Sache dann Wert hat, wenn sie improvisiert ist (Stunden, Minuten, Sekunden) und nicht lange vorbereitet worden ist (Monate, Jahre, Jahrhunderte).

Wir haben einen unbezwingbaren Widerwillen gegen alle Arbeiten, die am Schreibtisch entstanden sind, ohne auf die Umgebung einzugehen, in der sie gezeigt werden sollen. DER GRÖSSTE TEIL UNSERER ARBEITEN IST IM THEATER GESCHRIEBEN WORDEN. Das Ambiente des Theaters ist für uns ein unerschöpfliches Reservoir der Inspirationen: der magnetische Kreislauf der Empfindungen an einem Probenvormittag mit müdem Kopf, gefiltert durch das leere vergoldete Theater; die Intonation eines Schauspielers, die uns suggeriert, über einen paradoxen gedanklichen Zustand eine szenische Bewegung zu konstruieren, die wiederum Anlaß für eine Symphonie aus Licht ist; die Sinnlichkeit einer Schauspielerin, die uns die Sinne mit genialen malerischen Vorstellungen füllt.

An der Spitze eines Heeres von Komödianten zogen wir durch Italien und zeigten ELETTRICITÀ und andere futuristische Synthesen (gestern lebendig und heute von uns überwunden und verworfen), das waren im Saal gefesselte Revolutionen. Von *Politeama Garibaldi* in Palermo bis *Dal Verme* in Mailand glätteten die italienischen Theater unter dieser rasanten Massage die Runzeln und lachten gleich Erdbebenstößen. Wir verbrüderten uns mit den Schauspielern. Dann, in den schlaflosen Nächten auf Reisen, diskutierten wir und peitschten unsere Phantasie im Rhythmus der wechselnden Tunnel und Bahnhöfe. Unser futuristisches Theater pfeift auf Shakespeare, achtet aber auf den Klatsch der Schauspieler, es schläft bei einer Zeile von Ibsen ein, ist aber begeistert von den roten und grünen Reflexen der Logen. Wir ERREICHEN MIT DER DURCHDRINGUNG VON AMBIENTE UND VERSCHIEDENEN ZEITEN EINE ABSOLUTE BEWEGLICHKEIT. Z. B. während sich in einem Drama wie »Più che l'amore« (d'Annunzio) die wichtigen Handlungen (z. B. die Erschießung des Spielhöllenbesitzers) nicht auf der Bühne abspielen, sondern mit einem absoluten Mangel an Dynamik erzählt werden und im ersten Akt von »Figlia di Jorio« (d'Annunzio) sich alle wichtigen Handlungen in einer einzigen Szene, ohne Ortswechsel und Zeitsprünge abspielen, gibt es in SIMULTANEITÀ, der futuristischen Synthese, zwei Orte und zwei verschiedene Zeiten, die sich gegenseitig in simultaner Aktion durchdringen.

AUTONOM, ALOGISCH, IRREAL
Die theatralische futuristische Synthese wird sich nicht der Logik unterwerfen, nichts von der Fotografie enthalten, sie wird *autonom* sein, nur mit sich selbst zu vergleichen, und aus der Realität wird sie Elemente ziehen, um sie nach Lust und Laune zu verbinden. So wie es für den Maler und den Musiker verstreut in der äußeren Welt ein beschränkteres aber intensiveres Leben gibt, das aus Farben, Formen, Tönen und Geräuschen besteht, gibt es für den theatralisch empfindenden Menschen eine besondere Realität, die die Sinne mit Gewalt überfällt: sie besteht aus dem, was man die *theatralische Welt* nennt.
DAS FUTURISTISCHE THEATER ENTSTEHT AUS DEN BEIDEN ÄUSSERST VITALEN STRÖMUNGEN der futuristischen Sensibilität, die in zwei Manifesten genauer beschrieben sind »DAS VARIETÉ« und »GEWICHTE, MASSE UND PREISE DES KÜNSTLERISCHEN GENIES«, das sind: 1. UNSERE FRENETISCHE LEIDENSCHAFT FÜR DAS AKTUELLE, SCHNELLE, FRAGMENTARISCHE, ELEGANTE, KOMPLIZIERTE, ZYNISCHE, MUSKULÖSE, FLÜCHTIGE FUTURISTISCHE LEBEN; 2. UNSER ULTRAMODERNER ZEREBRALER ENTWURF EINER KUNST, DIE KEINER LOGIK FOLGT, KEINER TRADITION, KEINER ÄSTHE-

TIK, KEINER TECHNIK, KEINEM OPPORTUNISMUS, DIE NUR AN IHRER KÜNSTLERISCHEN GENIALITÄT GEMESSEN WERDEN KANN, DIE SICH AUSSCHLIESSLICH MIT DER ERFINDUNG GEISTIGER AUSDRUCKSFORMEN VOLLER ZEREBRALER ENERGIE BESCHÄFTIGEN SOLL, DIE ALLEIN ABSOLUTEN NEUHEITSWERT HABEN.

DAS FUTURISTISCHE THEATER versteht es, seine Zuschauer über die Monotonie des Alltags zu erheben, und sie in ein LABYRINTH VOLLER BEDINGUNGSLOS NEUER UND UNGEAHNTER GEFÜHLE ZU SCHLEUDERN.

DAS FUTURISTISCHE THEATER wird jeden Abend eine Gymnastik sein, die den Geist unserer Rasse für die Geschwindigkeiten und die waghalsigen Unternehmungen trainiert, die in diesem futuristischen Jahr notwendig sein werden.

ZUSAMMENFASSUNG:

1. DIE TOTALE ZERSTÖRUNG DER TECHNIK, UNTER DER DAS TRADITIONALISTISCHE THEATER DAHINSIECHT.

2. ALLE ENTDECKUNGEN AUF DIE BÜHNE BRINGEN (DIE FÜR VIELE UNWAHRSCHEINLICH, BIZARR UND ANTITHEATRALISCH SIND), DIE UNSERE ERFINDUNGSKRAFT IM UNBEWUSSTEN, IN DEN UNDEFINIERBAREN MÄCHTEN, IN DER REINEN ABSTRAKTION, IN DER REINEN GEDANKLICHKEIT, IN DER REINEN PHANTASIE, IN DEN HÖCHSTLEISTUNGEN UND IM KÖRPERKULT MACHEN WIRD. (z. B. »Sie kommen«, das erste Objekt-Drama von F. T. Marinetti, eine neue Ader der theatralischen Empfindungen des Futurismus).

3. SYMPHONISIEREN WIR DIE SENSIBILITÄT DER ZUSCHAUER, INDEM WIR UNTER IHNEN MIT ALLEN MITTELN SELBST DEN MODRIGSTEN ABLEGER ENTDECKEN UND WIEDERBELEBEN; ZERSTÖREN WIR DAS VORURTEIL GEGENÜBER DER RAMPE, INDEM WIR STROMLEITUNGEN DER GEFÜHLE ZWISCHEN BÜHNE UND ZUSCHAUERRAUM LEGEN; DIE SZENISCHE AKTION EROBERT DAS PARKETT UND DIE ZUSCHAUER.

4. VERBRÜDERN WIR UNS MIT DEN SCHAUSPIELERN, DIE UNTER DEN WENIGEN DENKERN SIND, DIE VOR JEDER DEFORMIERENDEN KULTURELLEN VERÄNDERUNG ZURÜCKSCHRECKEN.

5. ZERSTÖREN WIR DIE FARCE, DAS VAUDEVILLE, DEN SKETCH, DIE KOMÖDIE, DAS DRAMA, DIE TRAGÖDIE UND SETZEN WIR AN DEREN STELLE DIE ZAHLREICHEN FORMEN DES FUTURISTISCHEN THEATERS, WIE: DIE FREIE

Rede, die Simultaneität, die Verkürzung, das kleine gespielte Gedicht, die dramatisierte Empfindung, den heiteren Dialog, den negativen Akt, die Schlagfertigkeit, die ausserlogische Diskussion, die synthetische Deformation, den wissenschaftlichen Riss, die Koinzidenz, das Schaufenster...

6. Schaffen wir zwischen uns und den Zuschauern eine kontinuierliche Verbindung, ein permanentes respektloses Vertrauen, und begründen wir in unserem Publikum eine lebhafte Wachsamkeit für das neue futuristische Theater.

Das sind also unsere *ersten* Sätze zum Theater. Unsere 11 theatralischen Synthesen (von Marinetti, Settimelli, Bruno Corra, R. Chiti, Ballila Pratella, Paolo Buzzi) sind von Ettore Berti und seiner Truppe vor überfüllten Zuschauerräumen in Ancona, Bologna, Padua, Venedig, Verona, Bergamo, Genua (mit Wiederholung), Savona, San Remo gezeigt worden. Bald werden wir in Mailand das große Metallgebäude haben, in dem es sämtliche technisch-mechanischen Einrichtungen gibt, mit denen allein wir unsere freieren Entwürfe szenisch realisieren können.

Corra
Marinetti
Settimelli

DAS FUTURISTISCHE THEATER DER ÜBERRASCHUNG
1921
von Rodolfo De Angelis in Zusammenarbeit mit Marinetti Cangiullo Corra Carli Settimelli Prampolini Depero Tato Casavola Mix Bragaglia Scrivo Bellanova

1. Schauspiel möglicherweise im Theater und sicher auf Straßen und Plätzen
Das Publikum ist überrascht sich in einer Aufführung zu befinden in der es keine numerierten Sitzplätze gibt und für die sensibleren Zuschauer glimmt die Wahrscheinlichkeit schon auf am selben Abend zu unfreiwilligen Akteuren in einem Gefängnis zu werden mit Prellungen und zahlreichen Abschürfungen
Rodolfo De Angelis Organisator des Schauspiels gibt in ganzer Redlichkeit alles kund um das Geheimnis der verschiedenen Mobilisierungen zu bewahren Die Überraschungen beginnen unvermittelt mit wenigen Behauptungen und Deklamationen mit einigen unvorhergesehenen Verkleidungen das erweckt viele Zweifel und enthält unendlich viele Überraschungen
2. Verkauf desselben Platzes an viele Anwärter
An der Theaterkasse wird eine klinische Auswahl unter den Anwärtern getroffen nach Reizbarkeit und bebrilltem Gerechtigkeitssinn
3. Sorgfältige Präparation von einigen Plätzen mit Leim
um Hosenböden und herumziehende Arschbacken anzukleben
Fallweise auf den Sitzen starken Klebstoff oder schmiegsamen Leim verteilen Die unzähligen Handgemenge und Auseinandersetzungen dem Schicksal überlassen
4. Musik in den Logen Balkonen Parkett und Atrium verteilen
z. B. eine Violine in die Loge drei Trompeten auf den Balkon wo die Schönste der Stadt sitzt
Die Pauke in die Nähe des Trommelfells des bedeutendsten Kritikers
Die Harfe und die Flöte in die Loge des Präfekten usw
Im Orchestergraben ist kein Orchester aber ein Teil der Compagnia bildet darin stimmliche Elemente die aus einer Skala von vorwie-

gend stimmlosen erkalteten Mißklängen bestehen die aber sämtlich zugespitzten weltlichen Geräuschen ähneln und die dort in ausgesuchter Harmonie erklingen

5. Das Drama explodiert auf der Galerie
Das Motiv des Dramas ist der letzte Klatsch der die Bürgerschaft am meisten beschäftigt und interessiert und der unvermeidlich erbitterte Diskussionen und infernalische Kämpfe zur Folge hat schließlich werden zwei umschlungene Tote (Puppen) vor der Nase des verblüfften Publikums in die Luft geworfen

6. Das Paradies kostet viel die Galerie 50 Lire
Pervertierung der Eintrittspreise
Das puppenhafte Auftauchen von befrackten Modenarren und aufgeputzten Damen die automatisch eine Pantomime erfinden der Widerspruch ihrer ausgewählten Eleganz zu dem neuen Rangordnungen unterworfenen Ort erzeugt ein ärgerliches Gemurmel und wütende Feststellungen über die anmaßende unwirkliche Wirklichkeit

7. Die Bühne und Ankleideräume sind besetzt belagert eingenommen von Begeisterten denen der Zutritt verboten ist
Literaten Passatisten Kritikomane mit falschen Mikroskopen Trompeter ausgehungerte Aufwiegler des humanitären Komitees zum Schutze der poetischen Stabilität besorgt über die Deklamationen außerhalb von Zeit und Raum
Ehemalige Abgeordnete auf der Suche nach der Toilette
Stillebenmaler die alles im Theater zulassen nichts in der Malerei

8. Der Vergesser von Jahrhunderten monotoner Einflüsterungen herbeigesehnt
Vom Souffleurkasten aus flüstert der Vergesser Verrücktheiten nach Belieben ein durch die jedweder Dialog ungeahnt bereichert wird und in der Logik der Zuschauer Unruhe auslöst die natürlicherweise nur für die sichtbaren Personen Partei ergreifen sie wollten den Vergesser verprügeln der als einziger in seinem Versteck unter dem Bombardement von Früchten immun gegen Schläge und Angriffe ist

9. Das angenagelte Publikum ist unaustauschbar
Die Menschheit hat eine neue Besonderheit erhalten

Der Futurismus mit seiner Tugend des synthetischen futuristischen Theaters der Überraschung nagelt das Publikum für einen ganzen Abend fest es will das Theater nicht mehr verlassen um es zu verachten und ist bereits Darsteller in diesem Schauspiel geworden Erzeuger von Schauspielen in Ketten und es wird außerhalb des Theaters zum Verbreiter kommunizierender Gefäße der Heiterkeit und unterhaltender Spannungen

Beispiel während eines aufsehenerregenden Essens in der größten Ristorante-CaffèBar das nach einer Serata des synthetischen futuristischen Theaters der Überraschung stattfand wettete der reiche schwarze Besitzer inmitten einer riesigen gestikulierenden Menge Säcke von Pesos daß er die richtige Definition des Futurismus gegeben habe

Dann mit einem Satz vor den Dichter Marinetti und fragte ihn »Habe ich die Wahrheit gesagt ja oder nein als ich erklärt habe daß es sich bei dem Futurismus um eine Art von Magie handelt mit der das was gestern war heute nicht mehr ist und daß das was heute ist nicht einmal mehr im Paradies zu sehen sein wird?«

Der Poet Marinetti antwortete poetisch daß er Recht habe und brach über den Sieg mit dem schwarzen Besitzer in eine unaussprechliche unerschöpfliche schwarze Heiterkeit aus die nicht enden wollte

10. *Wanderausstellung der Flugmalerei*
Zuschauer Schauspieler junge Futuristen Studenten Garderobiers Perückenmacher Maskenbildner Maschinisten das gesamte Personal des Theaters und der Kasse werden mit einem Schlag zu Kennern Sammlern Kritikern Korrektoren und Historikern der bildenden Künste sie sind alle befähigt durch die Irrtümer Kämpfe und Schläge die sie abbekommen haben

11. *Die zwei Pole des Denkens* der gallige Kritiker und der nachgiebige Weise Schlägerei zwischen Spitzbart und weißem wallenden Bart

12. *Die Korridore der Unterbühne mittels Motorrädern vergewaltigen* mit ausgebreiteten Armen wird dieser Knall dringend vom tobenden Parkett herbeigesehnt weil es das Motiv eines Maschinentanzes unbedingt kontrapunktieren will

Herkuleische Kräfte (tritt auf – tritt nicht auf – wird nie auftreten – träte auf – aber wenn herrscht ein solches Erstaunen eine unvorhergesehene Stille)

13. *Das Theater ist verriegelt und verrammelt für Schauspieler* Feuerwehrmänner und für Leute die sich Eintrittskarten beschafft haben

Die Menge drückt vehement kräftig und heftig gegen die Türen und beendet das Schauspiel und führt es vervielfältigt in vertrauter Weise durch Knüffe, Ohrfeigen und Nasenstüber fort

14. *Jede Stadt hat ihr eigenes Monstrum*

Das muß man auffinden und auf die Bühne transportieren dort zu einem Schauspieler umformen der den giftigen Kritiker symbolisiert und im Gegensatz die Idee der Schönheit emporlockt und vervielfacht die bisher das unumstrittene Hoheitsgebiet der schönsten Zuschauerin war (Das Monstrum, das dem Publikum in Bologna gezeigt worden ist bleibt deshalb in Erinnerung weil es einen Stich von Schönheit hatte im Gegensatz zur häßlichsten Zuschauerin des Universums)

15. *Die magische Erfindung neuer Karrieren* und neuer Berufe inmitten der Zuschauer

Beispiel Gruppen ehrlicher Studenten rauben sämtliche elektrischen Lampen zu mysteriösen Zwecken

Bürgerliche Advokaten nageln auf dem Samt der Stühle herum

Hervorragende Kliniker zeigen an Beispielen wie leicht es ist futuristisch zu sein indem sie auf den Händen laufen und Beine und Füße in die Luft recken unter Kommentaren und geduldigen Bewertungen von Freunden und begleitenden Patienten

16. *Verhängnisvolle Ansammlung aller Halb-Verrückten*

In Messina saß ein bekannter halbverrückter Herr auf seinem Stuhl und hatte einen Fuß angezogen unter seinem Knie er wurde irritiert von Marinetti der die Gewalt pries und glaubte daß dieser von körperlicher Gewalt spreche in wütender Empörung zog er den Schuh vom Fuß seines Nachbarn und warf ihn auf die Bühne

In Palermo schrie ein Professor in psychiatrischem Ton den Futuristen zu die in einer Loge saßen »Ihr seid nicht verrückt, aber ihr macht mich verrückt!«

In Cesena urteilte ein Schulmeister der weiße Handschuhe an den Füßen trug über ein futuristisches Gedicht »Deshalb nieder mit dem Antisemitismus« indem er unterbrach »Wer nicht im Kriege war hat keine Stimme im Kapitol – unterzeichnet Luigi Luzzatti!«
In Bologna drang ein Führer der Squadristen mit Gewalt ins Theater ein und vervielfachte das Pandämonium Er transformierte einen artistisch-literarischen Abend in eine politische Rauferei mit Verletzten
Während ein futuristischer Poet aus der Provinz Marinetti und Casavola bittet in dem Höllenlärm sich um drei unverzichtbare Flötentöne um einen Kommentar zu einem seiner poetischen Bilder zu kümmern die nicht einmal die Fische im Ozean hören
In Spezia wurde ein Dichterwettstreit ausgerufen der erste Schneider der Stadt und alle kritisierten den Schnitt Muster Stoffe und die poetischen Knöpfe dann trat einer der maßgebenden Polizeikommissare von Florenz auf der eigens dazu gekommen war um Gedichte zu rezitieren er erhielt einen sonoren Furz ins Gesicht begleitet von der folgenden studentischen Aufforderung »Sperr ihn ein, sperr ihn ein, wenn du kannst!« dann mischte sich ein Kommandant der Kriegsmarine inmitten seines Schwarms von Matrosen ein die mit Trompeten und Sirenen die feindlichen Dichter bekämpfen wollten mit einem Schlag wurde er an seiner Laufbahn gehindert vom hohen Auge der Admiralität die auch in der Loge saß um den ozeanischen futuristischen Abend zu überwachen
Im Theater Carignano von Turin kündigte Marinetti die Deklamation eines Gedichtes an das von einem jungen Futuristen Hoffnung der futuristischen Bewegung sei er deklamierte es und ließ damit auf brutale Weise ein Gedicht von Gabriele d'Annunzio auspfeifen das vergessen ignoriert und von den Kritikern in der Loge nicht erkannt wurde die mit dem Bleistift in der Hand ernsthaft gegen die Futuristen vorbereitet waren
Im Theater Carignano von Turin kommentierte ein Herr ohne auf die Dame die neben ihm saß zu achten ein Gedicht über die Kolben der Lokomotive das Marinetti vortrug mit einer Geste die den Kolben nachahmte und sagte dazu den Satz »Wenn Sie keinen anderen Kolben haben als diesen, meine Dame, dann tun Sie mir aufrichtig

leid!« und er erzeugte dadurch eine allgemeine Heiterkeit von einem Zuschauer den die Dame zur Begleitung eingeladen hatte wurde der Herr in die Flucht geschlagen »Hau ab Wahnsinniger ja wahnsinnig und unerzogen!« alle fielen mit ein und immer lauter werdend rief das Publikum »Hau ab Wahnsinniger ja wahnsinnig und unerzogen ja!«
Anschließend fand eine Verehrung des Pfeifens statt nicht das Pfeifen des Mißfallens sondern das Pfeifen hinter einer Frau her im Frühling was allen gefiel
Die Erfindung dieser neuen Besonderheit das an die Vorführung gefesselte Publikum wird sehr viele solcher Schauspiele in Ketten an allen nur erdenkbaren Punkten der Stadt zur Folge haben.

Zu den Texten

Die Auswahl und Zusammenstellung der hier übersetzten Synthesen basiert auf zwei Ausgaben des *Futuristischen synthetischen Theaters:* Im Hauptteil folgt die Auswahl der 1941 in Neapel erschienenen Ausgabe: F. T. Marinetti: *Il teatro futurista (Sintetico, a sorpresa, aeroradiotelevisivo, caffè concerto, radiofonico);* diese Ausgabe orientiert sich an der von 1927. Im Anhang erscheinen Stücke, die 1941 nicht mehr auftauchen; sie stammen aus der Ausgabe von 1921, in der ausschließlich Texte von F. T. Marinetti vertreten sind: F. T. Marinetti: *Teatro futurista sintetico*, Piacenza 1921.

Da sich der vorliegende Band ausschließlich mit dem futuristischen Theater befaßt, entfallen die Texte und Manifeste für das Radio. Neu übersetzt ist das Manifest von 1915: *Das futuristische synthetische Theater*, das in gekürzter Fassung bereits in *Geschichte des Futurismus* von Christa Baumgarth 1966 erschienen ist, und *Das futuristische Theater der Überraschung,* das in der Ausgabe von 1941 enthalten ist. Hier trägt das 1913 erschienene Manifest *Das Varieté* den Titel *Caffè Concerto*, unter dem es 1913 in der *Daily Mail* veröffentlicht wurde. Dieses Manifest ist mit freundlicher Genehmigung des Verlages DuMont dem Band ›*Der Futurismus*‹, *Manifeste und Dokumente einer künstlerischen Revolution 1909–1918* von Umbro Apollonio in der Übersetzung von Christa Baumgarth entnommen. Das *Manifest der futuristischen Bühnendichter* ist übersetzt aus: Lia Lapini: *Il teatro futurista italiano*, Mailand 1977.

In der Interpunktion und den Eigenheiten der Notierung hält sich die Übersetzung so nah wie möglich an das italienische Original.

SIMULTANEITÄT (Simultaneità)
»In SIMULTANEITÄT habe ich die gleichzeitige Durchdringung des Lebens einer bürgerlichen Familie mit einer Kokotten inszeniert. Die Kokotte ist hier kein Symbol, sondern eine Synthese aus Gefühlen von Luxus, von Unordnung, von Abenteuer und Verschwendung, die als quälende Sehnsucht oder Schmerz in den Nerven aller Personen, die um den Tisch herum sitzen, existieren.
SIMULTANEITÄT ist eine absolut autonome theatralische Synthese, die weder dem bürgerlichen Leben noch der Halbwelt ähnlich ist, sondern nur sich selber. SIMULTANEITÄT ist außerdem eine absolut dynamische theatralische Synthese. Ich erziele mit meiner Synthese SIMULTANEITÄT die absolute Bewegung von Raum und Zeit durch die simultane Durchdringung von 2 Räumen und vielen verschiedenen Zeiten.«
                                                                Marinetti

SIE KOMMEN (Vengono)
»In SIE KOMMEN wollte ich eine Synthese mit belebten Gegenständen erfinden. Alle sensiblen und phantasievollen Menschen haben sicher schon oft gesehen, was für beeindruckende Haltungen und mysteriöse Wirkungen die Möbel allgemein und ganz besonders die Stühle und Sessel haben, vor allem in einem Raum, in dem sich kurz zuvor Menschen aufgehalten haben.
Sie sind Teil der Beobachtung, die mich zur Erfindung dieser Synthese gebracht hat.
Die acht Stühle und der Lehnstuhl bekommen durch die verschiedenen Positionsveränderungen, die nacheinander zum Empfang der Erwarteten eingenommen werden, nach und nach ein fremdes, phantastisches Leben. Und am Ende muß der Zuschauer fühlen, unterstützt von den allmählich länger werdenden Schatten unter der Tür, daß die Stühle tatsächlich leben und sich von selber dem Ausgang zubewegen.«
                                                                Marinetti

LICHTBEHANDLUNG (Cura di Luce)
»Volontà« ist ein allegorischer Name. Er heißt nicht nur direkt übersetzt, sondern hier auch sinngemäß »Lust«.

UNENTSCHIEDENHEIT (Indecisione)
Erst 1925 erscheint die Forderung Marinettis nach dem »taktilen Theater« in dem Manifest: »Nach dem synthetischen Theater und dem Theater der Überraschung erfinden wir das antipsychologische abstrakte Theater aus reinen Elementen und das taktile Theater.« Taktil war das fühlbare, das Theater »zum Berühren«.

EIN MONDSCHEIN (Un chiaro di luna)
Alogische Durchdringung, »Compenetrazione«, diesen aus der Malerei übernommenen Begriff beschreiben die futuristischen Maler Boccioni, Carra, Russolo, Balla und Severini folgendermaßen: »Um die Betrachter in der Mitte des Bildes leben zu lassen, muß das Bild die Zusammenstellung dessen sein, an das wir uns erinnern, und dessen, was wir sehen.« Diese Definition gilt auch für die theatralischen Durchdringungen. (Die Definition ist dem Vorwort der Maler für die Ausstellung 1912 in Berlin entnommen: *Futurismus 1909–1917;* Katalog der Kunsthalle Düsseldorf, 1974.)
»In EIN MONDSCHEIN ist der fette Herr kein Symbol, sondern eine alogische Synthese aus vielen Gefühlen: Angst vor der Zukunft, Kälte und Einsamkeit der Nacht, die Vision vom Leben 20 Jahre später, etc.«   Marinetti

DAS KLEINE THEATER DER LIEBE (Il Teatrino dell'Amore)
»In DAS KLEINE THEATER DER LIEBE wollte ich das nicht-menschliche Leben der Gegenstände zeigen. Die wichtigeren Personen sind das kleine Theater aus Holz (dessen Marionetten im Dunkeln ohne den Puppenspieler spielen), der Servierwagen und die Anrichte. Sie sind nicht vermenschlicht (so wie sie manchmal im passatistischen Theater vermenschlicht werden), sondern sie haben eine nicht-menschliche Temperatur, ihre Ausdehnung, die Dinge, die sie tragen, die Vibrationen der Wände usw. Diese drei Figuren leben in den Nerven des sensiblen Kindes, das an der Tür seiner Mutter horcht.
Das kleine Holztheater ist ein Symbol für die Nichtigkeit, Flüchtigkeit und Theatralität der Lockungen der Liebe und seine Marionet-

ten spielen im Dunkeln unerklärlicherweise die Liebesgesten der beiden Personen nach, die sich im angrenzenden Zimmer umarmen. Es muß eine deutliche Parallele geben zwischen der gespielten Freude der Mutter beim Anblick des Spielzeugs und der tatsächlichen des Kindes beim Zubettgehen.« Marinetti

ANTINEUTRALITÄT (Antineutralità)
Der Titel des Stückes sagt, wozu diese Synthese dienen soll: es ist gegen die neutrale Haltung Italiens bei Ausbruch des Ersten Weltkriegs gerichtet. Verantwortlich gemacht für diese »feige« Haltung wird die Dekadenz, die anhand der »weichlichen« Herren verhöhnt wird.

TRADITIONALISMUS (Passatismo)
Die Synthese trägt den Titel des Schimpfworts der Futuristen; Passatismus ist der futuristische Begriff für Tradition, für das Vergangene, Alte. Die Synthese läßt überlebte Gestalten auf der Bühne sterben.

DIE PERVERSEN (I Pervertiti)
Die Namen der Personen sind personifizierte Adjektive: Pallido: der Blasse; Serio: der Ernste; Agghindato: der Aufgeputzte; Lugubre: der Düstere; Fosforea: die Leuchtende; Paffuto: der Dickliche.

PAROXYSMUS (Parossismo)
d. h. »Erregung«

DER LIEGESTUHL (Seggiola a Sdraio)
»Kultur« im Original auf deutsch

NACHTIGALLENJAGD (La Caccia all'Usignolo)
Fieno: Heu; Fascina: das kleine Bündel. So ergibt das Ehepaar zusammen ein Heubündel. Brina: Rauhreif; Raggio: Lichtstrahl, Sonnenstrahl.

DIE GENAUE ZEIT (L'ora precisa)
»Im Haus des Kommandanten Florio in Palermo deklamierten die Damen und Herren die genaue Zeit. Der Schauspieler, der die Rolle des Dritten spielte, hatte im Saal seine Frau, Freunde und Freundinnen versammelt. Diese bildeten spontan nach dem Dialog ›Weil ich sie nicht hier habe‹ einen Zug, um der Gattin des schlechten Schauspielers zu kondolieren, der die Rolle des Menschen von geringem Wert gespielt hat. Die Dame schrie auf ... zur Überraschung.«

Cangiullo

TOILETTENMUSIK (Musica da Toletta)
»Diese Überraschung erzeugte eine andere Überraschung außerhalb der Bühne. Ein Herr wendete sich an Marinetti, der in der Loge saß, und rief: ›Ihr seid nicht verrückt, aber ihr macht hier alle verrückt!‹ Im selben Augenblick begann an der Brüstung der Galerie jemand heftig zu pfeifen und plötzlich zu klatschen. Der Herr im Parkett rief: ›Da habt ihr es, der erste Fall von Wahnsinn‹ und verließ fluchtartig das Theater.«

Marinetti

GLEICHZEITIGKEIT VON KRIEG WOLLUST (Simultaneità di Guerra Voluttà)
»Diese futuristische Erfindung hatte überall – selbst an den tumultuösesten Abenden – die wunderbare Kraft, eine große Bewunderung beim Publikum hervorzurufen, das, nachdem es aufmerksam zugehört hatte, immer in frenetischen Beifall ausbrach.«

Marinetti

SEXUELLE ELEKTRIZITÄT (Elettricità sessuale)
Das Drama in drei Szenen ist eine veränderte Fassung des zweiten Theaterstücks von Marinetti: LES POUPÉES ÉLECTRIQUES, das 1909 in Italien unter dem Titel LA DONNA È MOBILE aufgeführt wurde. Aus dem französischen Puppenpaar Madame Prunelle und Monsieur Prudent wurden im Italienischen Signora Famiglia (Frau Familie) und Signor Matrimonio (Herr Ehe). Der Konstrukteur der elektrischen Puppen, die von Schauspielern wie Roboter gespielt wurden, hieß Wilson. Das Stück ist in Italien mehrmals aufgeführt worden;

1920 taucht zum ersten Mal der Titel ELETTRICITÀ auf: die Umarbeitung des Theaterstücks zur futuristischen Synthese.
Sein erstes futuristisches Stück hat Marinetti immer wieder bearbeitet; auffällig ist die Namensgebung »Marinetti«. Möglicherweise ist er in einer Inszenierung selber als »Marinetti« aufgetreten, denn die Futuristen spielten oft in ihren Synthesen mit. Das Stück verkündet das Programm des »Maschinenmenschen«, des »multiplizierbaren Menschen«, es verhöhnt Konventionen und zeigt den Begründer des Futurismus eben als Futuristen. POUPÉES ÉLECTRIQUES ist im Kammertheater in Moskau 1919 von Alexander Tairov inszeniert worden.

Die im Anhang zusammengestellten Synthesen fehlen sämtlich in der Ausgabe von 1941. Sie haben agitierende, kriegstreiberische Funktion. Held ist der Soldat, der Alpenjäger; Pazifisten werden dem Hohn preisgegeben und vor allem der Feind Italiens – Österreich. Pogrome auf der Bühne, Durchhalteappelle an die Frauen, Ästhetisierung des Krieges sind die Themen. Mit »Parallelismus«, mit »Gemütszustand«, mit »Durchdringung« und dem »Objektdrama« wird Propaganda für den Interventionismus gemacht. Der Name Boccionis in der Synthese SIEBENSCHLÄFER bedeutet, daß Boccioni selber aufgetreten ist, um öffentlich zu agitieren.

DAS ENDE EINES JÜNGLINGS (Fine d'une Giovane)
Wörtliche Übersetzung des Kampflieds der italienischen Spezialtruppen aus dem Ersten Weltkrieg, der »reduci« (Zurückgekehrten), aus denen sich die Faschistenbünde, die Fasci Mussolinis bildeten. Marinetti gehörte diesen Fasci die ersten beiden Jahre an.

Wenn ihr uns nicht kennt – auf uns herabseht –
Wir sind die Schlächter – vom Sturmbataillon.
Handgranate
Und Dolch und Brottasche

Wenn ihr uns nicht kennt – seht unsere Windjacken –
Und über unsere Erde – wollen wir die Herren sein.

Handgranate
Und Dolch und Brottasche

Die Ausgabe *Théâtre futuriste italien* von Lista gibt den Futuristen Rocca als Autor dieser Synthese an.

RUNIO CLACLA
ist eine Synthese, in der der Maler Balla auftritt – und historisch aufgetreten ist, um zu demonstrieren, daß die Futuristen keine Ewigkeitsansprüche stellen, was ihre eigenen Bilder angeht.
RUNIO CLACLA ist eine lautmalerische Verballhornung von Riunione-Verein/Vereinigung und Claque/Claquer; verspottet werden die kunstliebenden Vereine als klingender »Klatschverein«.

Zu den Autoren

Um die futuristische Bewegung zu vergrößern, hat F. T. Marinetti viele Mitarbeiter herangezogen. Die Mitstreiter des futuristischen Theaters blieben oft nur eine kurze Zeit dabei, manche haben über ihre Beiträge zu den theatralischen Synthesen hinaus nichts weiter geschrieben. Außerdem war es unter den Futuristen beliebt, unter Pseudonymen aufzutreten. In den Editionen des futuristischen synthetischen Theaters von 1914 und 1915, 1916, 1921, 1927 und der letzten von Marinetti edierten Sammlung 1941 wechseln die Autoren. Die kurzen Biographien beschränken sich daher auf die wichtigsten Autoren und Mitarbeiter des futuristischen Theaters.

FILIPPO TOMMASO MARINETTI

wurde 1876 in Alexandria (Ägypten) geboren. Der Sohn eines wohlhabenden Anwalts studierte in Frankreich Literatur und arbeitete als freier Mitarbeiter bei verschiedenen Zeitungen in Paris: *Le Figaro*, *La Plume* und *La Vogue*. Er unternahm Rezitationsreisen durch Frankreich, auf denen er neben eigenen Gedichten Werke von Mallarmé, Baudelaire, Rimbaud, Verlaine und Gustave Kahn vortrug. Zur Durchsetzung der Symbolisten und des französischen »Vers libre« in Italien gründete er zusammen mit dem Schriftsteller Gian Pietro Lucini die Literaturzeitschrift *Poesia*, deren erste Ausgabe Werke von D'Annunzio enthielt. 1909 begründete er den Futurismus mit dem in *Le Figaro* erschienenen Manifest. Kurz darauf veröffentlichte er seinen ersten futuristischen Roman *Mafarka, le Futuriste*, der ihm eine Anklage wegen Verstoßes gegen die Sittlichkeit einbrachte. 1912 ging Marinetti als Kriegsberichterstatter nach Libyen. Um den Futurismus zu propagieren, reiste er von Italien aus nach Paris, London, Berlin, Amsterdam, Moskau und Petersburg. Seit Marinetti 1910 unter italienischen Künstlern Mitstreiter für seine Bewegung gefunden hatte, lebte er hauptsächlich in Mailand. Er wurde zum nationalistischen Verfechter des Interventionismus. 1916 meldete er sich zum Radfahrer-Bataillon. Er nahm am Ersten Weltkrieg teil. 1919 trat Marinetti den Faschistenbünden Mussolinis bei, zog sich aber bald davon wieder zurück und widmete sich allen Bereichen der futuristischen Künste, vor

allem dem Theater. 1929 wurde er zum Mitglied der »Accademia d'
Italia« berufen. 1944 starb er in Bellagio (Como).
Werke: *La Conquête des Etoiles*, Paris 1902; *La Momie sanglante,
Poema drammatico*, Mailand 1904; *Destruction,* Paris 1904; *Roi
Bombance*, Paris 1905; *La Ville charnelle*, Paris 1908; *Les Dieux s'en
vont, D'Annunzio reste*, Paris 1908; *Poupées électriques*, Paris 1909;
Tous le clair de lune, Mailand 1909; *Enquête internationale sur le vers
libre*, Mailand 1909; *Le Futurisme* (Gründungsmanifest), Paris 1909;
Mafarka, le Futuriste, Mailand und Paris 1910; *Re Baldoria*, Mailand
1910; *Contro la Spagna passatista*, Mailand 1910; *Manifesto dei
Drammaturghi futuristi*, Mailand 1911; *Uccidiamo il chiaro di luna*
(Manifest), Mailand 1911; *La Battaglia di Tripoli*, Mailand 1911;
Manifesto tecnico della Letteratura futurista, Mailand 1912; *Noi
Futuristi, teorie essenziali e chiarificazioni*, Mailand 1912; *L'immaginazione senza fili e le parole in libertà*, Florenz 1913; *Il teatro di
Variétà*, Florenz 1913; *Dopo il verso libero le parole in libertà*, Mailand 1913; *Programma politico futurista* (Manifest) (zusammen mit
Boccioni, Carrà und Russolo), Mailand 1913; *L'aeroplano del Papa*,
Mailand 1914; *Abasso il tango e Parsifal!* (Manifest), Mailand 1914;
Zang Tumb Tumb, parole in libertà, Mailand 1914; *Manifesto futurista della declamazione dinamica e sinottica*, Mailand 1914; *Il teatro
futurista*, Neapel 1914; *Sintesi futurista della guerra* (zusammen mit
Boccioni, Carrà, Russolo, Piatti), Florenz 1914; *Manifesto del teatro
futurista sintetico* (zusammen mit Corra und Settimelli), Florenz
1915; *Guerra, sola igiene del mondo* (Manifest), Mailand 1915; *La
nuova religione – morale della velocità* (Manifest), Mailand 1916;
Manifesto della Cinematografia futurista (zusammen mit Corra,
Ginna, Settimelli, Balla, Chiti), Florenz 1916; *Manifesto della danza
futurista*, Mailand 1917; *Manifesto del Partito Politico Futurista*, Mailand 1918; *L'isola dei baci*, Florenz 1918; *Elettricità sessuale, sintesi
futurista*, Mailand 1920; *Al di là del Communismo* (Manifest), Mailand 1920; *Tattilismo* (Manifest), Mailand 1921; *Il teatro della sorpresa* (Manifest), Mailand 1921; *Teatro futurista sintetico*, Piacenza
1921; *Il tamburo di fuoco* (dramma africano), Mailand 1923;
Futurismo e Fascismo (Manifest), Mailand 1924; *Scatole d'amore in
conserva*, Rom 1927; *Prigionieri. Vulcano*, Mailand 1927; *Manifesto*

dell' aeropittura, Mailand 1929; *Manifesto della fotografia futurista* (zusammen mit Tato), Mailand 1930; *Novelle colle labbra tinte*, Mailand 1930; *Il teatro futurista aeroradiotelevisivo (Manifest)*, Rom 1931; *Manifesto dell'Aeropoesia*, Mailand 1931; *La Cucina futurista* (zusammen mit Fillia), Mailand 1932; *Il teatro futurista radiofonico* (Manifest) (mit Masnata), Mailand 1933; *Il Teatro totale per masse e La Radio* (Manifest), Mailand 1933; *Manifesto delle poesie e delle arte corporative*, Mailand 1937; *Revisione del Futurismo*, Rom 1937; *Manifesto dell' arte sacra futurista* (mit Fillia), Rom 1938; *Ceramica futurista, ceramica e aeroceramica* (Manifest), Mailand 1939; *Manifesto futurista del romanzo sintetico* (Manifest) (zusammen mit Scrivo und Bellanova), Mailand 1939; *Manifesto futurista sulla nuova estetica della guerra* (Manifest), Mailand 1940; *Manifesto futurista dell' aeropittura dei bombardimenti* (Manifest), Mailand 1940; *Il teatro futurista sintetico*, Neapel 1941; *Manifesto futurista della amicizia della guerra* (Manifest), Mailand 1942; *Manifesto futurista dell' aeropittura maringuerra* (Manifest), Mailand 1943.

In deutscher Übersetzung erschienen: F. T. Marinetti: *Futuristische Dichtungen*, autorisierte Übertragung von Else Hadwiger, Berlin-Wilmersdorf 1912 (Neuausgabe Siegen 1984); die Übersetzungen der Manifeste und Werke von Christa Baumgarth in: Christa Baumgarth: *Geschichte des Futurismus,* Hamburg 1966; F.T. Marinetti und Fillia: *Die futuristische Küche*, Stuttgart 1983.

GIACOMO BALLA
1871 Turin – 1958 Rom

Der Maler Giacomo Balla lebte hauptsächlich in Rom. Nach einem siebenmonatigen Aufenthalt 1900 in Paris wendete er in seinen Bildern den in Frankreich entdeckten Divisionismus an. Nach seiner Rückkehr nach Rom war er Lehrer von Umberto Boccioni und Gino Severini. 1910 unterzeichnete Balla zusammen mit Boccioni, Carrà, Russolo und Severini das *Manifest der futuristischen Maler.* 1912 malte Balla seine bekanntesten futuristischen Bilder, z. B. *Dynamismus eines Hundes.* Er hielt sich 1912 oft in Düsseldorf auf, wo er den Auftrag hatte, die Einrichtung und Ausstattung des Palais Löwenstein zu entwerfen. Zusammen mit Depero verfaßte er 1915 das

Manifest der futuristischen Erneuerung des Universums und 1916 zusammen mit Marinetti das *Manifest zur futuristischen Kinematographie*. 1917 inszenierte Balla eine szenische Komposition mit Licht und Musik mit Diaghilevs Ballet Russe *Feu d'artifice* mit Musik von Igor Strawinskij. 1929 begründete er mit anderen futuristischen Malern die »Flugmalerei«. Nach 1933 wendete er sich vom Futurismus ab.

UMBERTO BOCCIONI
1882 Reggio di Calabria – 1916 Sirte (Verona)
Boccioni, der zuerst Schriftsteller werden wollte, zog 1901 nach Rom und widmete sich der Malerei. Er studierte an der Akademie der Schönen Künste und war Schüler von Balla. 1906 lebte er in Paris und Petersburg. 1910 unterzeichnete er das *Manifest der futuristischen Maler* und *Die futuristische Malerei – Technisches Manifest*. 1912 stellte er in Paris aus. Er schrieb das *Manifest der futuristischen Skulptur* und Aufsätze in der futuristischen Zeitschrift *Lacerba*, die 1914 als Buch erschienen sind: *Pittura Scultura futuriste*. Mit anderen Futuristen meldete Boccioni sich freiwillig nach Kriegsbeginn zum Radfahrer-Bataillon. 1916 starb er an den Folgen eines Sturzes vom Pferd.

PAOLO BUZZI
1874 Mailand – 1956 Mailand
Der Literat, Dichter und Romancier war Mitbegründer des Futurismus. Er schrieb im »freien Vers«; 1918 erschien eine Sammlung seiner *Versi liberi*. 1927 veröffentlichte Buzzi acht theatralische Synthesen. 1940 erschien in Florenz *Poema di radioonde*.

FRANCESCO CANGIULLO
1888 Neapel – 1977 Leghorn
Der Schriftsteller, Journalist und Maler Cangiullo war seit 1912 enger Mitarbeiter Marinettis. Er entwarf das »Alfabeto a sorpresa« und die »Poesia pentagrammata«; war Mitbegründer des »Theaters der Überraschung« (Il teatro della sorpresa). Er hat insgesamt zehn futuristische Synthesen verfaßt und einen grotesken Akt in Zusam-

menarbeit mit E. Pretolini. Er verließ 1925 die futuristische Bewegung. 1930 erschienen seine Beschreibungen der Soirées in Buchform: *Le serate futuriste*. 1939 erschienen seine Briefe an Marinetti: *Lettere a Marinetti in Africa* in Neapel.

MARIO CARLI
1889 Sansevero – 1935 Rom
Der Schriftsteller und Journalist Carli glaubte, die futuristischen Forderungen im Faschismus realisieren zu können. Er beschäftigte sich hauptsächlich mit dem synthetischen futuristischen Theater. Er veröffentlichte unter anderem: *Con D'Annunzio a Fiume* 1920 in Mailand, 1930: *L'italiano di Mussolini* und gab 1931 eine Anthologie heraus: *Antologia degli Scrittori fascisti*.

BRUNO CORRA, Pseudonym für Bruno Corradini
1892 Ravenna – 1976 Varese
Er war Romancier und Dramatiker. Mitbegründer des futuristischen synthetischen Theaters; doch verließ er die Form des »teatro in libertá«, um sich konventionellen Dramentechniken zu widmen. 1918 erschien eine Abhandlung: *Per arte nuova della nuova Italia*.

FORTUNATO DEPERO
1892 Fondo (Trient) – 1960 Rovereto
1914 zog Depero nach Rom, lernte dort Balla kennen und schloß sich dem Futurismus an. 1915 verfaßte er mit Balla das Manifest *Futuristische Erneuerung des Universums*. Ab 1917 entwarf er Bühnenbilder, z. B. für Diaghilev zu *Gesang der Nachtigall* von Strawinskij. 1918 entwickelte er mit Clavel die »Plastischen Tänze« des »Teatro Plastico«. 1920 zog er nach Rovereto und beschäftigte sich vornehmlich mit der Dekoration von Räumen und Kunsthandwerk. Er lebte von 1928 bis 1930 in NewYork. Nach seiner Rückkehr richtete er in Rovereto das »Museo Futurista Depero« ein.

LUCIANO FOLGORE, Pseudonym für Omero Vecchio
1888 Rom – 1966 Rom
Der Dichter und Journalist Folgore schrieb für die zwei italieni-

schen Literaturzeitschriften *Lacerba* und *Voce*. Er bevorzugte den Stil des »vers libre« und verfaßte 1914 das Manifest *Lirismo sintetico e sensazione fisica*. Folgore hat sich weniger dem Theater als der Lyrik gewidmet. Zusammen mit Buzzi und Cangiullo zählt er zu den »wirklichen Futuristen« unter den futuristischen Schriftstellern Italiens. Für Folgore war der Futurismus vor allem die Abwendung von den alten Themen zugunsten der modernen Großstadt, was man an seinen Titeln *Canto dei Motori* (Lied der Motoren), *I muscoli della terra* (Die Muskeln der Erde), *Paroliberi Cittá veloce* (Freie Worte rasende Stadt) erkennen kann.

CORRADO GOVONI
1884 Tamara (Ferrara) – 1965 Anzio
Schriftsteller und Dichter, schrieb zwar nach dem Programm der »parole in libertà«, blieb aber in seiner literarischen Produktion vom Futurismus unabhängig. 1911 erschienen in Mailand *Poesie elettriche*; die theatralische Synthese *La caccia all'usignolo* 1916; 1939 erschien in Rom *La Madonna dei Pastori* und 1940 ebenfalls in Rom *Il pane dei Pastori*.

FRANCESCO BALLILA PRATELLA
1880 Lugo di Romagna – 1955 Ravenna
Pratella war Komponist. 1911 verfaßte er das *Manifest der futuristischen Musiker* und *Die futuristische Musik – Technisches Manifest*; 1912 *Die Zerstörung der Quadratur* und 1913 *Gegen die Scala, das Pompeji des italienischen Theaters*.

EMILIO SETTIMELLI
Florenz 1891 – Lipari 1954
Settimelli trat bereits 1910 als Mitarbeiter Marinettis auf. Er hat das Manifest *Das Varieté* mitunterzeichnet; er befaßte sich mit der Theorie des Futurismus: *Mascherate futuriste* 1917, *I processi ai Futurismo* 1918, und 1921 verfaßte er *F. T. Marinetti: l'uomo e l'artista*. 1930 leitete er zusammen mit Mario Carli die Zeitschrift *L'Impero*.

Zeittafel

1909 Am 20. Februar erscheint in *Le Figaro* in Paris das Gründungsmanifest des FUTURISMUS. Am 3. April wird im Théâtre de l'Œuvre *Roi Bombance* von F.T. Marinetti aufgeführt.

1910 Die futuristischen »Soirées«, »Serate« beginnen: Rezitationen von Gedichten im Stil des »vers libre«, Verlesen von Manifesten, Provokationen des Publikums; am 12. 1. Triest, 15. 2. Mailand, 8. 3. Turin, 1. 8. Venedig; eine Serata in Parma wird verboten.

1911 Am 11. Januar erscheint das erste Theatermanifest: *Manifest der futuristischen Bühnendichter* von F.T. Marinetti. Marinetti geht als Kriegsberichterstatter nach Libyen. Im März erscheint das Manifest von Francesco Balilla Pratella *Die futuristische Musik*.

1912 Umberto Boccioni publiziert das Manifest *Die futuristische Skulptur*, Marinetti das *Technische Manifest der futuristischen Literatur*.

1913 erscheint die erste Nummer von *Lacerba* von Papini und Soffici, einer Literaturzeitschrift in Florenz, die zum Organ der Futuristen wird. In Rom, Florenz und Modena finden »Serate« statt. Luigi Russolo stellt seinen »Intonarumori« (Lärmtöner) in Mailand im Teatro dal Verme vor. Die Manifeste *Die Geräuschkunst* und *Zerstörung der Syntax. Drahtlose Phantasie. Befreite Worte* von Russolo erscheinen im März; *Das Varieté,* unterzeichnet von Marinetti, im Oktober, *Die futuristische Antitradition* von Guillaume Apollinaire im Juni, *Die Malerei der Töne, Lärm und Geräusch* von Carlo Carrà im August, *Der Gegenschmerz* von Palazzeschi im Dezember; am 11. Oktober wird das »Futuristische politische Programm« unter die Wähler verteilt.

1914 Im Februar reist Marinetti nach Moskau und Petersburg. Die ersten Differenzen zwischen den Herausgebern von *Lacerba* und Futuristen treten auf. In London rezitiert Marinetti aus seinem Werk *Zang Tumb Tumb*. – Marinetti, Russolo und Boccioni treten öffentlich für den Kriegseintritt Italiens auf und werden verhaftet. Das Manifest *Gewichte, Maße und Preise des künstlerischen Genies* erscheint. *Die futuristische*

Architektur von Antonio Sant'Elia erscheint, *Der antineutrale Anzug* von Balla, *Die futuristische Neukonstruktion des Universums* von Giacomo Balla und Fortunato Depero.

1915 Die Futuristen kämpfen weiter für die Intervention Italiens. Im April wird Marinetti in Rom zusammen mit Benito Mussolini ins Gefängnis gebracht. *Lacerba* führt den Bruch mit Marinetti herbei. Im Teatro Corso in Bologna werden elf futuristische Synthesen aufgeführt, die Compagnia di Ettore Berti zieht damit nach Padua, Venedig, Verona, Bergamo, Genua, Savona, San Remo. Die erste Buchausgabe des *Synthetischen futuristischen Theaters* erscheint, mit dem gleichnamigen Manifest, unterzeichnet von Marinetti, Settimelli und Corra. Das Manifest *Futuristische Szenographie und Choreographie* von Enrico Prampolini erscheint. Im November gehen Marinetti, Boccioni, Russolo, Mario Sironi und Sant'Elia als Freiwillige in den Krieg.

1916 In Florenz führt die Compagnia di Annibale Ninchi neue futuristische Szenen auf, mit denen die Truppe auf Tournee geht. In Genua führt die Truppe Zoncada-Masi-Capodaglio zwölf Synthesen auf. In Florenz wird der Film *Vita futurista* von Arnaldo Ginna gedreht. Manifeste: *Dynamische und synoptische Deklamation* von Marinetti, *Die futuristische Kinematographie* von Marinetti, Corra, Settimelli, Arnaldo Ginna, Balla und Remo Chiti.
Umberto Boccioni und Sant'Elia sterben im Krieg.

1917 Im Teatro Niccolini in Florenz wird der Film *Vita futurista* gezeigt, zusammen mit vier futuristischen theatralischen Synthesen. In Rom inszeniert Balla mit Diaghilevs Ballet Russe *Feu d'Artifice* mit Musik von Igor Strawinskij, eine szenische Komposition mit Licht und Musik. Das Manifest *Der futuristische Tanz* erscheint.

1918 »Das plastische Theater« von Fortunato Depero wird in Rom am Teatro dei Piccoli aufgeführt. Fedele Azari stellt sein »Flug-Theater« vor. Das *Manifest der italienischen futuristischen Partei* von Marinetti erscheint.

1919 Eine Version der *Poupées électriques* von Marinetti wird in

Moskau in der Regie von A. Tairov aufgeführt. Anton Guglio Bragaglia experimentiert mit dem »Psychologischen Licht«. Marinetti intensiviert seine politische Arbeit. Die *Futuristischen Manifeste* erscheinen in vier Bänden.

1920 Diverse Aufführungen von Synthesen finden statt. Im Teatro all'Argentina in Rom wird in Zusammenarbeit mit Prampolini *Das Theater der Farben* realisiert.

1921 erscheinen die Manifeste *Der Taktilismus* von Marinetti und *Das Theater der Überraschung* von Marinetti und Cangiullo. Die Compagnia Futurista unter Rodolfo de Angelis zeigt Synthesen von Balla im Zusammenhang mit dem »Theater der Überraschung«. Die Truppe geht damit auf Tournee nach Palermo, Rom, Florenz, Genua, Turin, Mailand.

1922 Der Marsch auf Rom. Mussolini wird Ministerpräsident. – Im »Theater der Überraschung« im Politeama Rossetti in Triest werden *Taktile Synthesen* von Marinetti aufgeführt. Im Théâtre d'Art et d'Action in Paris werden Synthesen Marinettis inszeniert.

1923 Die Compagnia von Rodolfo De Angelis geht mit neuen Synthesen des »Theaters der Überraschung« auf Tournee durch Italien in 25 Städten.

1924 Ein neues Programm von De Angelis mit Synthesen mit einem Ballett *Anihccam del 3000* von Depero und Casavola. Im März erscheinen die Manifeste *Die futuristische Bühnen-Atmosphäre* von Prampolini, danach *Nach dem synthetischen Theater der Überraschung erfinden wir das antipsychologische, abstrakte Theater aus puren Elementen und das taktile Theater* von Marinetti.

1925 Das Modell »Magnetisches Theater« (Teatro Magnetico) von Prampolini erhält auf der internationalen Art Déco Ausstellung in Paris einen Preis. – Mussolini ruft die Geburt des Faschismus aus.

1926 Luigi Pirandello inszeniert im Teatro Valle in Rom *Vulcano* von Marinetti. Marinetti nimmt an Konferenzen in Brasilien und Argentinien teil.

1927 Prampolini begründet das »Theater der futuristischen Panto-

	mime« in Paris und eröffnet im Théâtre d'Art et d'Action mit *Angoscia delle macchine* von Vasari. Depero entwirft das »Magische Theater«.
1929	erscheint das *Manifest der Flugmalerei* von Marinetti. Marinetti wird in die neu gegründete »Accademia d'Italia« berufen.
1930	Cangiullo gibt *Le serate futuriste* heraus. Das *Manifest der futuristischen Kochkunst* von F.T. Marinetti erscheint und das zusammen mit Tato verfaßte Manifest *Die futuristische Fotografie*.
1933	erscheinen die Manifeste *Das totale Theater für die Massen und Das Radio* von Marinetti.
1941	erscheint die letzte von Marinetti autorisierte Sammlung futuristischer Synthesen: *Das futuristische synthetische Theater (dynamisch – a-logisch – autonom – simultan – visionär)*. Marinetti bezeichnet sich hier als »akademischer Totengräber Italiens«.
1944	Marinetti stirbt in Bellagio (Como).

Ausgewählte Bibliographie

Gordon Craig, *Futurismo and the Theatre*, in: *The Mask*. Januar 1914.
Francesco Cangiullo, *Le serate futuriste*. Neapel 1930 und Mailand 1961.
A. Rognoni, *51 sintesi teatrali futuriste*. Neapel 1941.
Rodolfo de Angelis, *Noi Futuristi*. Venedig 1958.
Maria Drudi Gambillo u. Teresa Fiori, *Archivi del Futurismo*, 2 Bde. Bd. 1 Rom 1958, Bd. 2 Rom 1962.
Enrico Falqui, *Bibliografia e Iconografia del Futurismo*. Florenz 1959.
Giovanni Calendoli (Hg.), *Teatro di F. T. Marinetti*. Rom 1960.
Raffaele Carrieri, *Il Futurismo*. Mailand 1961.
Christa Baumgarth, *Geschichte des Futurismus*. Reinbek 1966.
Luigi Scrivo (Hg.), *Sintesi del Futurismo, Storia e Documenti*. Rom 1968.
E. T. Kirby, *Futurism and the Theatre of the Future*. New York 1969.
M. Verdone, *Teatro italiano d'avantguardia. Dramma e sintesi futuriste*. Rom 1970.
Michael Kirby, *Futurist Performance*. New York 1971.
Leo Trotzki, *Der Futurismus*. Zürich 1971; separate Veröffentlichung des 3. Kapitels aus *Literatur und Revolution*, Wien 1924.
Umbro Apollonio, *Der Futurismus*. Köln 1972.
»Wir setzen den Betrachter mitten ins Bild – Futurismus 1909–1917«. Katalog Städtische Kunsthalle Düsseldorf 1974.
Giovanni Lista, *Théâtre futuriste italien, Anthologie et Critique*, 2 Bde. Lausanne 1976.
H. Béhar, *Il teatro Dada e surrealista*. Turin 1976.
G. Livio, *Il teatro in rivolta. Futurismo, grottesco, Pirandello e pirandellismo*. Mailand 1976.
L. Paglia, *Invito alla lettura di Filippo Tommaso Marinetti*. Mailand 1977.
Paolo Fossati, *La realtà attrezzata*. Turin 1977.
Lia Lapini, *Il teatro futurista italiano*. Mailand 1977.
Futurismo & Futurismi, Katalog der Ausstellung im Palazzo Grassi. Venedig 1986.
Maurizio Calvesi, *Futurismus*. Köln 1987.

Nachwort

»SCHMEISST MIT IDEEN ANSTATT MIT TOMATEN, IDIOTEN!«
rief der italienische Maler Carlo Dalmazzo Carrà auf einer Soirée der Futuristen im Teatro Ciarella in Mailand. In diesem Satz bilden sich das provozierte Debakel, der Skandal und die Zielvorstellung der futuristischen Theaterbewegung ab, deren Repräsentationsform aus diesen Propaganda-Abenden, den »serate« der Futuristen, entstanden ist.

FUTURISMUS
1909 rief Filippo Tommaso Marinetti, der in Paris lebende Italiener, eine Kunst-Aktions-Bewegung ins Leben, die er nach der Überlegung, ob sie »Dynamismus« (dynamismo) heißen sollte, schließlich FUTURISMUS (Futurismo) nannte. Das Gründungsmanifest erschien 1909 in der Pariser Zeitung *Le Figaro,* bei der Marinetti als Redakteur arbeitete. Als Literat, Dichter und Rezitator war Marinetti nicht unbekannt. Bereits 1902 hatte er in Paris sein erstes Buch *La Conquête des Étoiles* (Die Eroberung der Sterne) veröffentlicht, 1904 den Gedichtband *La Destruction,* 1905 sein erstes Theaterstück *Roi Bombance,* eine an Alfred Jarrys *Ubu Roi* orientierte Satire auf die »großen Köche der Weltseligkeit«, und das Theaterstück *Poupées électriques.* Ab 1909 gab Marinetti zusammen mit dem Literaten und italienischen Vertreter des »vers libre«, Gian Pietro Lucini, die italienische Literaturzeitschrift *Poesia* heraus. *Poesia* veröffentlichte die französischen Symbolisten Gustave Kahn, Alfred Jarry, Jean Cocteau, Jean Moréas, Emil Verhaeren und deutsche Lyrik von Arno Holz und Richard Dehmel, italienische Lyrik von Libero Altomare, Paolo Buzzi, Enrico Cavacchioli, Corrado Govoni, Luciano Folgore, Aldo Palazzeschi u. a. Das Gründungsmanifest des Futurimus erschien in italienischer Sprache 1909 ebenfalls in der Zeitschrift *Poesia.* Lucini distanzierte sich daraufhin von der Bewegung, er wollte eine Poetik des »verso libero« entwickeln und keine Propaganda machen. Mit der Gründung des Futurismus ging *Poesia,* die Zeitschrift, von der Marinetti gehofft hatte, daß sie zum Organ der Bewegung werden sollte, ein.
Die italienischen Dichter schlossen sich dem Futurismus an, der den »freien Vers« bekämpfte und das »freie Wort« (Parole in libertá),

die befreite Syntax und die Lautpoesie forderte. Marinetti stand unter dem Einfluß des Kubismus in der bildenden Kunst, der Symbolisten in der Literatur, der Philosophie Nietzsches, Bergsons und Sorels, im Rücken das Risorgimento, Garibaldi und Verdi, und er vermischte diese Einflüsse, die er energisch bestritt, mit Nationalstolz und Patriotismus. Die Erneuerungsbewegung sollte von Italien aus Europa kulturell revolutionieren. Das politisch und kulturell rückständige Italien sollte damit nicht nur Anschluß an die neuen künstlerischen Entwicklungen finden, sondern zum Ausgangspunkt und Zentrum des absolut Neuen werden.

Das Gründungsmanifest, eingebettet in ein poetisches, metaphorisches »Lehrstück« über Großstadt, Maschinen, Automobile, Fabriken, über Elektrizität und Geschwindigkeit, über schlafloses exzentrisches Nachtwachen, enthält elf Punkte, die die »Liebe zur Gefahr« besingen, den Kampf und den Krieg verherrlichen, die Feigheit verdammen und zur Zerstörung von Akademien, Bibliotheken und Museen aufrufen. Held und Götze waren Geschwindigkeit und Elektrizität:

»Wir erklären, daß sich die Herrlichkeit der Welt um eine neue Schönheit bereichert hat: die Schönheit der Geschwindigkeit. Ein Rennwagen, dessen Karosserie große Rohre schmücken, die Schlangen mit explosivem Atem gleichen ... ein aufheulendes Auto, das auf Kartätschen zu laufen scheint, ist schöner als die Nike von Samothrake.« Dieser Punkt vier des Manifestes ist legendär geworden. Und mit aller Emphase müssen die Futuristen Italien leerräumen, um vom »höchsten Gipfel des Vorgebirges der Jahrhunderte« ihren Bildersturm zu beginnen: »Von Italien aus schleudern wir unser Manifest voll mitreißender und zündender Heftigkeit in die Welt, mit dem wir heute den Futurismus gründen, denn wir wollen dieses Land vom Krebsgeschwür der Professoren, Archäologen, Fremdenführer und Antiquare befreien.

Schon zu lange ist Italien ein Markt von Trödlern. Wir wollen es von den unzähligen Museen befreien, die es wie zahllose Friedhöfe über und über bedecken.«

Um seine Bewegung in Italien zu verbreiten, mietete Marinetti Theater und organisierte die futuristischen »serate«, Soirées.

Zusammen mit Rezitatoren trugen die Schriftsteller ihre futuristischen Dichtungen vor, das Gründungsmanifest wurde verlesen und programmatische und politische Erklärungen abgegeben. Die Auftritte waren spektakulär und provozierten Skandale; Angriffe gegen das Publikum, Beschimpfungen und Provokationen gehörten zum Programm. Die Kurzformel für die Bewegung wurde hier gefunden: »Vor allem, was ist mit Futurismus gemeint? Ganz einfach ausgedrückt bedeutet Futurismus: Haß auf die Vergangenheit.«
Francesco Cangiullo beschreibt eine dieser »serate« 1910:
»F.T. Marinetti tritt auf. Ein gut aussehender junger Mann mit hoher Stirn, regelmäßigen und markanten Gesichtszügen, runden, sehr beweglichen Augen, dunkelbraunem Schnurrbart à la Wilhelm II., schlanken, muskulösen Gliedmaßen, kräftiger Stimme mit exotischer Einfärbung, sturzbachartigem Redefluß, katzenhaften Bewegungen. Mit ihm die Gruppe der Maler: Balla, Depero, Prampolini, Severini. Und die Dichter und Musiker: Bragaglia, Cangiullo, Corra, Folgore, Govoni, Pratella, Russolo. Das Theater ist voll besetzt. Das Publikum ahnt, was es zu erwarten hat: ein kleiner Gemüseladen, nah beim Theater, hatte den ganzen Tag kaum etwas verkauft. Kurz vor Ladenschluß wurde das Geschäft gestürmt und alles Gemüse, Tomaten und Eier waren binnen Minuten ausverkauft. – Dynamische Bilder wurden aufgestellt und die Musiker mit Lärminstrumenten bewaffnet. Marinetti deklamierte das Manifest des Futurismus. Das Publikum schmiß unverdrossen und lärmend die Lebensmittel auf die Bühne. Es regnete infernalisch Tomaten, Orangen, Kartoffeln und ganze Bunde Zwiebeln. Das Publikum beschimpfte sich gegenseitig und beantwortete die Anwürfe von der Bühne mit Schreien. Es war kaum zu verstehen, was von der Bühne gerufen wurde. Der Ort wurde zum Marktplatz, es herrschte der Ausnahmezustand. Russolo rannte herum, der Speichel triefte ihm vom Mund, und Carrà brüllte: ›Schmeißt mit Ideen anstatt mit Tomaten, Idioten!‹«
Um das Chaos zu vergrößern, neigte Marinetti zu politischen Kundgebungen. »Nieder mit Österreich«, schrie er, oder die österreichische Fahne wurde auf der Bühne zerrissen. Die »serate« endeten

häufig mit Polizeieinsatz. Bis zum Kriegseintritt Italiens 1916 nahmen die interventionistischen Aktivitäten im Rahmen der Abendveranstaltungen zu.

1910 hatten sich die oben genannten Maler »mit einem Schrei der Auflehnung den Idealen der futuristischen Dichter« mit dem *Manifest der futuristischen Maler* angeschlossen. Der Musiker Ballila Pratella verfaßte das *Manifest der futuristischen Musiker* und Marinetti 1911 das *Manifest der futuristischen Bühnendichter.* Damit hatte der Futurismus sich aus dem Kreis der Literaten gelöst und erreicht, was er wollte: eine Überschreitung der Gattungsgrenzen der Künste. Der Maler Russolo erfand das futuristische Orchester, den »Intonarumori«, den Lärmtöner; die Musiker verfaßten Texte, die Literaten wurden zu Vortragskünstlern. Die Bühne war der Ort, wo alle Sparten sich im Vortrag, in der Darstellung vermischten; die Programmatik kam vor der Produktion.

Mit Flugblattaktionen und Reisen im In- und Ausland, mit Vorträgen in London und Paris warb Marinetti für seine Bewegung. 1912 fand in Paris die erste große Ausstellung futuristischer Bilder statt. Die Ausstellung reiste weiter nach Berlin, wo Herwarth Walden, Herausgeber der expressionistischen Zeitschrift *Der Sturm,* die Organisation und Werbung übernahm. 1914 reiste Marinetti nach Moskau und Petersburg. Er traf mit Majakovskij, Mejerhold und Tairov zusammen und mit einer Bewegung gleichen Namens. So sehr beide Futurismen sich in ihren formalen Ansätzen ähnelten, so sehr divergierten sie im politischen; der russische Futurismus verhielt sich dem italienischen gegenüber ablehnend. Von Paris kehrten die futuristischen Maler um ihr Zusammentreffen mit dem Kubismus bereichert zurück; von sämtlichen Ausflügen blieben die Futuristen enttäuscht, weil ihnen der durchschlagende Erfolg, mit dem sie rechneten, verwehrt blieb. Die Bewegung bekam zwar ein großes Echo, sie erregte Aufsehen, ihre Radikalität beeindruckte, die Kubisten jedoch belächelten die Bilder.

In Berlin, 1912, wo der Publikumsandrang weniger groß war als in Paris oder in London, gab es beeindruckte Äußerungen: »Der Futurismus ist ein großer Schritt. Er stellt einen Befreiungsakt dar. Er ist keine Richtung, sondern eine Bewegung. Besser: er ist die

Bewegung der Künstler nach vorwärts. Es kommt auf die einzelnen Werke nicht an«, schrieb Alfred Döblin im *Sturm*, und Franz Marc: »Carrà, Boccioni und Severini werden ein Markstein der Geschichte der modernen Malerei sein.« Hans Thoma: »Einige aus angebornem Malertalent entstandene Futuristenbilder erscheinen mir fast wie ein Notschrei nach Befreiung von der ewigen Naturabmalerei. Und so könnte doch auch dieser programmatische ›Unsinn‹ eine Bedeutung in sich tragen ...«. Paul Klee schrieb in sein Tagebuch: »Man zetert hier über die heranbrechende Zeitwende, insbesondere über die futuristischen Künstler, die uns doch mindestens mit ihrem großen Talent anregten, und man bleibt steif, wenn die gute alte Zeit aufersteht.«

Die spektakulären öffentlichen Auftritte prägten die erste futuristische Phase bis 1916. Eine Flut von Manifesten erschien: *Politisches Manifest der Futuristen* 1909; *Tod dem Mondschein* 1909; *Die futuristische Malerei. Technisches Manifest* 1910; *Gegen das passatistische Venedig* 1910; *Gegen das passatistische Spanien* 1910; *Die futuristische Musik. Technisches Manifest* 1911; *Manifest der futuristischen Frauen* 1912; *Manifest der futuristischen Skulptur* 1912; *Technisches Manifest der futuristischen Literatur* 1912; *Gegen Rom und gegen Benedetto Croce* 1913; *Die Geräuschkunst* 1913; *Futuristisches Manifest gegen den Montmartre* 1913; *Das Varieté* 1913; *Futuristisches politisches Programm* 1913; *Der Gegenschmerz* 1913; *Gegen die Sexualmoral* 1913; *Nieder mit dem Tango und Parzifal* 1914; *Gewichte, Maße und Preise des künstlerischen Genies* 1914; *Dynamische und synoptische Deklamation* 1914; *Der antineutrale Anzug* 1914; *Manifest des futuristischen synthetischen Theaters* 1915; *Futuristisches Bühnenbild und Choreographie* 1915; *Der futuristische Film* 1916; *Die futuristische Wissenschaft* 1916.

Der Futurismus hatte sich bis dahin mit vielen gesellschaftlichen und kulturellen Äußerungen befaßt, die Notwendigkeit der Umbewertung manifestiert, die Kunst hatte sich in die Politik gemischt, in das gesellschaftliche Leben. Das futuristische »Theater« begnügte sich nach 1913 nicht mehr mit Proklamationen und den vermischten Kunstgattungen, sondern es entstanden futuristische Theaterstücke. Nach Marinettis *Piedigrotta*, dem Beispiel für seine Erfindung der »dynamischen und synoptischen Deklamation«, einer Rezitationsform, die mit Tönen und Geräuschen verbunden, die »drahtlose Phantasie«, die »befreiten Worte«, die »befreite Syntax«, die Symphonik des Großstadtlärms wiedergab, inszenierte der Maler Carrà *Das Begräbnis des passatistischen Philosophen* (1914). Der Philosoph und der Kritiker waren die Personifizierungen des »Passatisten«, des »Vergangenheitlers« schlechthin. Passatist war jeder, der sich mit Geschichte abgab, der gebildet war. Passatistisch war alles Alte; alt war, was nicht neu war; neu war das Unbekannte, neu war, was futuristisch war. Der Passatist war die Zielscheibe des futuristischen Hohns. Modernolatrià war der Begriff für das Neue, Vitale, Ausgelassene der futuristischen »Heiterkeit«. Das passatistische Personal taucht in den futuristischen Theaterszenen auf als Kritiker, Philosoph, als Ehemann oder -frau, als Salondame, als Pazifist. Bis 1916 wurden die Theaterszenen im Rahmen der patriotischen Agitation für den Kriegseintritt Italiens eingesetzt. Haarsträubende Pogrome in Kurzform fanden auf der Bühne statt. Hatte *Das Begräbnis des passatistischen Philosophen* noch durchaus metaphorischen Charakter, so entbehren die »politischen« Szenen jeglichen Humors, sie setzen an die Stelle der Bilderstürmerei die Kriegsverherrlichung. Die »Kunst-Aktion« verkommt zur reinen Propaganda.

Die Einmischung ins Leben, in die Politik, das »von Kunst durchdrungene Leben«, rückte die italienischen Futuristen in die fatale Nähe der Faschisten. Zur Durchsetzung der futuristischen Ideen, zur Realisierung ihres »Gesamtkunstwerks« zogen sie nach dem Ersten Weltkrieg mit Mussolinis Fasci durch die Straßen und stellten ihre futuristischen Forderungen als Parolen zur Verfügung. 1916 hatten sie sich freiwillig zum Radfahrer-Bataillon gemeldet. Der Maler Boccioni kam im Krieg um. Der Patriotismus der Bewegung oder mehr noch ihres Begründers konnte das Leben und die Politik nur unter ästhetischen Gesichtspunkten noch wahrnehmen. 1933 schrieb Marinetti *Das totale Theater für die Massen und Das Radio.*

»Der Faschismus läuft folgerecht auf eine Ästhetisierung des politischen Lebens hinaus. Der Vergewaltigung der Massen, die er im

Kult eines Führers zu Boden zwingt, entspricht die Vergewaltigung einer Apparatur, die er der Herstellung von Kultwerten dienstbar macht. Alle Bemühungen um die Ästhetisierung der Politik gipfeln in einem Punkt. Dieser Punkt ist der Krieg.«

Walter Benjamin greift im Nachwort zum *Kunstwerk im Zeitalter seiner technischen Reproduzierbarkeit* den italienischen Futurismus auf, um die oben zitierte These zu belegen. Ein Absatz aus dem *Manifest zum äthiopischen Kolonialkrieg* dient mit seiner Kriegsverherrlichung als Beweis: »Der Krieg ist schön, weil er dank der Gasmasken, der schreckenerregenden Megaphone, der Flammenwerfer und der kleinen Tanks die Herrschaft des Menschen über die unterjochte Maschine begründet. Der Krieg ist schön, weil er die erträumte Metallisierung des menschlichen Körpers inauguriert. ... Dichter und Künstler des Futurismus ... erinnert euch dieser Grundsätze einer Ästhetik des Krieges, damit euer Ringen um eine neue Poesie und eine neue Plastik ... von ihnen erleuchtet werde!«

Das Verdikt Walter Benjamins, auch die abschreckende Wirkung einer derartigen Veröffentlichung wie dieses Manifest, hat lange Zeit die Auseinandersetzung mit dem italienischen Futurismus bestimmt. Das Gemisch von Ästhetik und Politik eines größenwahnsinnigen Bohémiens und Literaten ist nicht zu entwirren, solange die Bewegung hauptsächlich mit ihren Manifesten identifiziert und nur an ihnen gemessen wird. Die artifiziellen künstlerischen Versuche in der Literatur, in der bildenen Kunst, im Theater stehen in keinem Verhältnis zu der Wortgewalt der Proklamationen; sie wirken daneben unscheinbar.

Tatsächlich hatten Marinetti und die Futuristen nach der Ernennung Mussolinis zum Ministerpräsidenten 1922 in der Politik nichts auszurichten. Marinetti stellte sich eine »Artecrazia« vor, eine Herrschaft der Künstler. 1913 hatte er in einem Manifest die Forderung »Gegen die Einmischung der Regierung in Fragen der Kunst« aufgestellt, die auf einen »anarchistischen Individualismus« hinzielte. Die Futuristen verlangten die »Abschaffung der stehenden Heere, der Gerichte, der Polizei und der Gefängnisse«. Sie forderten »die Kunst und die revolutionären Künstler an die Macht«,

»das große Proletariat der Genialen« an die Regierung. »Jeder Mensch wird seinen bestmöglichen Roman leben. Die genialen Geister werden ihr bestmögliches Gedicht leben ... Wir werden keine irdischen Paradiese schaffen, aber die ökonomische Hölle wird durch die unzähligen Feste der Kunst aufgeheitert und versöhnt werden.«
Wie problematisch ein solcher Entwurf auch immer sein mag, einer Uniformierung der Massen, dem faschistischen Gleichschritt paßt dieses Programm sich nicht an. Der Futurismus und sein Begründer Marinetti wurden aus der Politik in die Kunst verwiesen. 1929 wurde Marinetti Mitglied der Akademie Italiens und politisch bedeutungslos. Hier traf er mit Luigi Pirandello zusammen, den er jahrelang in Theaterfragen bekämpft hatte. Der italienische Faschismus verfolgte Künstler nicht – hierin unterscheidet er sich vom deutschen wesentlich.
1918 schon begann die futuristische Bewegung zu zerfallen. Sie veränderte sich und zog sich in Italiens Grenzen zurück. Die futuristische Malerei hatte ihren Höhepunkt überschritten: Boccioni war tot, die Maler vereinzelten sich und wendeten sich dem Kubismus und der metaphysischen Malerei oder wieder dem Symbolismus zu. Die Kunstgeschichte hat sich der italienischen Avantgarde längst versichert; 1986 wurde sie mit der großen Futurismus-Ausstellung in Venedig in den internationalen Zusammenhang gestellt. Die Beschäftigung mit der literarischen und theatralischen Seite des Futurismus setzte in Italien erst Anfang der siebziger Jahre ein, die Amerikaner bemerkten die von Dada, Surrealismus und Bauhaus überholte Avantgarde Ende der sechziger Jahre. In deutscher Sprache gelangte das futuristische Theater nicht über die Veröffentlichung von zwei Manifesten hinaus; die literarischen Experimente mit dem »freien Wort«, der »Klangpoesie«, den »Lautgedichten« sind nach wie vor unbekannt.
Im *Kunstwerk im Zeitalter seiner technischen Reproduzierbarkeit* schreibt Walter Benjamin von »kritischen Zeiten, in denen die Form auf Effekte hindrängt, die sich zwanglos erst bei einem veränderten technischen Standard, das heißt in einer neuen Kunstform ergeben können«. »Extravaganzen« und »Kruditäten« bringe die

Kunst hervor, die »in Wirklichkeit aus ihrem reichsten historischen Kräftezentrum hervorgehen«. Der Dadaismus strotzte für Benjamin von »Barbarismen«, da er mit den Mitteln der Literatur und Malerei Effekte vorwegnahm, die später der Film erst zu leisten imstande war. Die Rezeption von Kunst in der »Ablenkung« sei folgerichtig, schreibt er »als Reaktion auf die Versenkung, die in der Entartung des Bürgertums eine Schule asozialen Verhaltens« geworden sei. Das Kunstwerk wollte in solchen Zeiten »nur einer Forderung Genüge leisten: öffentliches Ärgernis zu erregen«. Das vordadaistische Programm der Ablenkung und des Schocks findet sich in dem 1913 veröffentlichten Manifest *Das Varieté*.

»Das Varieté dient rein praktischen Zwecken, denn es sieht seine Aufgabe darin, das Publikum durch Komik, erotischen Reiz und geistreiches Schockieren zu zerstreuen und zu unterhalten. ... Das Varieté ist heute der Schmelztiegel, in dem die Elemente einer neuen, im Kommen begriffenen Sensibilität sieden.«

THEATER

1911 schrieb Marinetti das erste Theatermanifest, das der *futuristischen Bühnendichter*. 1913 erschien *Das Varieté*, 1915 das Manifest *Das futuristische synthetische Theater*. 1915 reiste eine Theatertruppe, die Compagnia di Ettori Berti, durch verschiedene italienische Städte und führte futuristische »Synthesen« auf, die erste Sammlung des futuristischen synthetischen Theaters wurde publiziert. Theatralische Synthesen konnte jeder Futurist schreiben, ob Maler, Journalist, Musiker oder Lyriker. Synthesen (sintesi) waren kurze Szenen, Schlaglichter großstädtischen Lebens, Augenblicke des Schreckens oder momentane Eindrücke, es waren Sprachfetzen, Klangstückchen, Gefühlsäußerungen und Gemütszustände (stato d'animo), parallele Aktionen, Objektdramen und Lichtszenen. Die Thematik der Synthesen war die gleiche wie in der futuristischen Malerei, die Titel sind häufig dieselben: *Compenetrazione* (Durchdringung), *Simultaneità* (Simultaneität), *Dynamismo* (Dynamik), *Stato d' animo* (Gemütszustand). Es ging in allen künstlerischen Produktionen um die durch Technik veränderten Wahrnehmungsweisen, um die Erneuerung der Sensibilität. Mit dem Manifest *Varieté* war die vierte Wand, die Rampe im Theater theoretisch abgeschafft; was in den »serate« bereits praktisch erprobt war, blieb Bestandteil des futuristischen Theaters. Das Publikum wurde durch Auftritte und Stimmen aus dem Zuschauerraum einbezogen, oder die Szenen provozierten die Zuschauer durch ihre Neuartigkeit und das in ihnen mitspielende Personal. Das futuristische Theater wendete sich gegen die gesamte Klassik, gegen das bürgerliche Theater und dessen Psychologie, es war gegen die aristotelische Dramaturgie, gegen die Logik von Entwicklung. Auf der Bühne machte man sich lustig über die »Passatisten«, über das Personal des Salonstücks, der Operette; die neue zeitgenössische Dramatik galt den Futuristen als rückständig, weil sie der klassischen Dramaturgie nicht abschwörte: Ibsen, Paul Claudel und Bernard Shaw, Maeterlinck, Pirandello und Thornton Wilder. Oberstes futuristisches Prinzip war es, die Erwartungshaltung des Bürgers zu brüskieren. Helden der Synthesen sind die Verrückten, Tollen; gepriesen werden die Körper-Tollheit (Fisicofollia), die Jugend, die Kampfkraft – z. B. die Boxer, der Kampf als Sport. Stühle, Licht, Farben, Geräusche und Gegenstände werden zu handelnden Figuren. Folgerichtig entwickelt das futuristische Theater die Tendenz, den Schauspieler zu mechanisieren; mechanische Puppen, Maschinenmenschen oder eine nur bildhafte Theatermaschinerie verfolgen das Ziel, den Schauspieler ganz abzuschaffen.

Diese Entwicklung vollzogen die futuristischen Maler, die sich mit Theater und Bühnenbild auch dann noch beschäftigten, als sie in der Malerei dem Futurismus abgeschworen hatten. 1915 äußert Enrico Prampolini in seinem Manifest *Das futuristische Bühnenbild*: »In der endgültigen Synthese werden keine menschlichen Schauspieler mehr geduldet werden« und 1924 in dem programmatischen Text *Die futuristische szenische Atmosphäre*: »Die Erfindung des Schauspielers als Element der Interpretation ist einer der absurdesten Kompromisse der Theaterkunst.« Prampolini entwickelte das »Teatro Magnetico« (Magnetisches Theater), für das er 1925 auf der Ausstellung der Nouvelles Arts et Décorations in Paris einen Preis erhielt. Giacomo Balla stattete 1917 in Rom eine Inszenierung von Igor Strawinskijs *Feu d'artifice* für Diaghilevs Ballet

Russe aus. Depero entwarf für *Le Chant du Rossignol*, ebenfalls von Strawinskij, überdimensionale Blumen als Megaphontrichter, durch die die Stimmen der Sänger ertönten. In Zusammenarbeit mit Gilbert Clavel entwickelte Depero das »Plastische Theater« (Teatro Plastico), das 1918 in Rom im Teatro dei Piccoli uraufgeführt worden ist. Prampolini entwarf das »Theater der Farben« (Teatro del Colore). Giacomo Balla ließ Schauspieler wie Puppen oder Gegenstände agieren, wenn er in der Synthese *Druckerpresse* (1914) zwölf Schauspieler auftreten ließ, die das Wort »TIPOGRAFIA« darstellten. Das Theater der Abstraktion, des Alogischen entwickelte sich hin zu mechanischen Balletten, zu reinen Farb- und Formspielen, es benutzte die von dem Maler Russolo erfundene futuristische »Geräuschkunst« (L'arte dei rumori) und verzichtete schließlich ganz auf die Sprache.

Die seit 1914 durch Italien reisenden Theatertruppen konnten den technischen Aufwand, den diese futuristischen Theaterversuche benötigten, nicht leisten. Sie führten diejenigen Synthesen auf, die mit Schauspielern und mit Sprache zu bestreiten waren. Bühnenbilder waren futuristische Gemälde oder von den Regieanweisungen vorgeschriebene Farbräume. Bis 1916 war das futuristische Theater mit denselben Mitteln, aus denen seine experimentellen szenischen und sprachlichen Versuche bestanden, auch Vehikel der futuristischen Propaganda für den Kriegsbeitritt Italiens. Nach 1918 gab es drei Theatergruppen, die futuristische Synthesen aufführten. 1921 erschien ein neues Theatermanifest von Marinetti und Cangiullo *Das Theater der Überraschung* (Teatro della sorpresa), das eine durch die praktischen Erfahrungen modifizierte Variante des Varieté-Programms darstellt. Anton Giuglio Bragaglia, der sich mit futuristischer Photographie und dem Film beschäftigt und sich schon 1914 von der Bewegung distanziert hatte, gründete 1922 in Rom das »Teatro sperimentale degli Intepedenti« (Experimentelles Theater der Unabhängigen), wo er bis 1936 neben Stücken von Jarry, Strindberg, Tschechow, Büchner, O'Neill und Bertolt Brecht auch futuristische Synthesen aufführte. 1921 gründete der Regisseur Rodolfo de Angelis die »Compagnia futurista«, die mit 40 futuristischen Synthesen durch 28 italienische Städte reiste.

1915 erschien die erste Ausgabe des *Futuristischen synthetischen Theaters,* eine Sammlung von Theatertexten samt gleichnamigem Manifest. Bis 1941 erschienen verschiedene Sammlungen der Synthesen: 1916, 1921, 1927 und 1941. So zahlreich die Verfasser des futuristischen synthetischen Theaters waren, die meisten Synthesen stammen von Marinetti.

Wenn es sich nicht um »befreite Worte« oder »Objektdramen« handelt, fällt bei den theatralischen Synthesen auf, wie sehr sie sich am Symbolismus orientieren. Marinetti fordert Autonomie, d. h. es wird nicht Wirklichkeit abgebildet oder wiedergegeben, sondern die Szenen und Texte behaupten, eine autonome futuristische Wirklichkeit darzustellen. Die vielen nächtlichen, traumhaften Szenen leben in der symbolischen Atmosphäre, oft hat das Personal der Synthesen allegorische Funktion.

Die umständlichen und langatmigen Regie- und Szenenanweisungen deuten darauf hin, daß den Verfassern das Theatermetier wenig bekannt war. Vor allem aber brauchen Sie diese Anweisungen, um die Aktionen und das Bild zu verdeutlichen, weil sie es in Dialogen nicht auszudrücken vermögen. Sie scheinen bemüht, es den Gegebenheiten der Bühne recht machen zu wollen. Dabei geht es Ihnen um Aktionen und kaum um literarische Qualität oder gar um Erfindungen. Gegenüber den Provokationen der »serate« mit ihrer Forderung, sämtliche konventionellen Formen zu sprengen, erscheint die literarische Ausführung der meisten »sintesi« durchaus bieder. Theatralische Coups, die Erfindung theatralisch andersartiger Situationen stellen den größten Anteil der futuristischen Theaterszenen dar. Die literarische Erfindung scheint mit dem Programm der »parole in libertà« erschöpft; das Theater ist der Ort der Aktion, nicht der Literatur.

Marinetti beginnt 1922 auch wieder längere Theaterstücke zu schreiben: 1922 *Il tamburo di fuoco* (Der Feuertrommler); in einer kurzen Einleitung dazu schreibt er: »Ich war nicht in der Lage, mein Ziel mit dem synthetischen Drama zu erreichen. Deshalb habe ich dieses impressionistische Drama mit vergleichbarer Entwicklung geschrieben. Keine Konzession an euren traditionellen Geschmack! Ihr werdet bald neue ultrafuturistische theatralische

Synthesen bekommen!« Das »ultrafuturistische« Theater ließ jedoch auf sich warten. 1925 entstand *Prigionieri* (Gefangene); 1926 *Vulcano* (Vulkan), das Luigi Pirandello im Teatro degli Intepedenti inszenierte. 1929 wurde das vor-futuristische Theaterstück, *Roi Bombance,* aus dem Jahr 1905, unter dem italienischen Titel *Re Baldoria* in Rom in Bragaglias Theater aufgeführt. 1930 publizierte Cangiullo *Le serate futuriste,* die Beschreibung der futuristischen Soirées seit 1910: die futuristische Bewegung schrieb bereits ihre eigenen Annalen.

Seit 1916, schon wenige Jahre nach Marinettis erstem Theatermanifest, entstanden in Europa ähnliche theatralische Versuche und Bestrebungen, die futuristische Ansätze weiterentwickelten. Der Streit, ob nun der italienische Futurismus dafür die Initialzündung war, für Übermarionette und Totaltheater, für Dada oder Surrealismus, ist historisch kaum zu beantworten. Die Gleichzeitigkeit der Avantgardebewegungen in Europa ist eklatant: 1916 wurde in Zürich das dadaistische »Cabaret Voltaire« gegründet. Tzara verkündete: »Der Futurismus ist an Dada gestorben.« In Rußland inszenierte man die futuristische Oper *Sieg über die Sonne* von Chlebnikov und Kručenych, in Bildern und Kostümen von Malevič; der Maler Tatlin inszenierte 1922 Chlebnikovs *Zangezi*. 1925 entwarf Oskar Schlemmer das »Bauhaus Theater«; 1926 gründeten Antonin Artaud und Roger Vitrac das »Théâtre Alfred Jarry« in Paris; 1927 entwarf der Architekt des Bauhaus' Walter Gropius das »Totale Theater« für Erwin Piscator; 1924 erschien das Manifest des Surrealismus von André Breton.

Der italienische Futurismus fiel nach seinem hypertrophen Anspruch, von Italien aus die europäische Kunst zu revolutionieren, wieder in seine Grenzen zurück. Das futuristische Theater nahm nach dem Ersten Weltkrieg in der futuristischen Kunstproduktion einen großen Raum ein. Die Szenen und Texte geben ein sehr viel genaueres Bild von dieser nicht zu übersehenden Avantgarde als die vielen Manifeste. Die künstlerische Produktion unterscheidet sich von der martialischen Geste der Manifeste: ihre Schlagfertigkeit, ihr Witz, die Überschreitung der Rampe, das Zersprengen des traditionellen Theaters, der Dramaturgie, ein Amalgam aus Literatur, Theater, bildender Kunst, Musik und neuen technischen Mitteln war damals neu und erregt immer wieder dort Aufsehen, wo das Theater Versuche unternimmt, sich von seinen traditionellen Fesseln zu lösen. Die amerikanische Rezeption des futuristischen Theaters begann, als in den USA das moderne Theater mit seinen Schockwirkungen entstand: mit dem Living Theatre, dem Aktionstheater, den Happenings. Wo es um die Versuche der Vermischung von Kunst und Leben geht, in den immer wiederkehrenden Versuchen, die vierte Wand zu sprengen, die Rampe zu überspringen, wird auch der italienische Futurismus wieder gegenwärtig.

Brigitte Landes

INHALT

Manifest der futuristischen Bühnendichter	5

51 Synthesen

Simultaneität	13
Sie kommen. Ein Objektdrama	15
Die Grundlagen	17
Die Überraschung	19
Lichtbehandlung	22
Unentschiedenheit. Eine taktile Synthese	24
Der Vertrag	25
Kampf der Kulissen	26
Die große Heilung. Taktile Synthese	27
Ein Mondschein. Alogische Durchdringung	29
Das kleine Theater der Liebe. Objektdrama	31
Antineutralität. Durchdringung	34
Das taktile Quartett. Taktile Synthese	36
Die Lichter	38
Wer von beiden?	40
Traditionalismus	42
Der Frauenverschlinger	44
Die Perversen	46
Um das Weinen zu verstehen	49
Der aufsteigende Körper	50
Geist und Kultur	52
Parallelepipedon	56
Wörter. Vermutungen	58
Konstruktionen	60
Paroxysmus	62
Farben. Abstrakte theatralische Synthese	65
Mir scheint, es wäre richtig, es so zu machen	67
Die Maschinen-Sinnlichkeit	68
Schatten + Puppen + Menschen	71
Kräfte	77

Der Liegestuhl	79
Frühling. Dramatisierter Gemütszustand	80
Ein normaler Mensch	82
Ecce homo	84
Die Hände. Schaufenster	86
Negativer Akt	88
Wechsel der Charaktere	89
Aus dem Fenster. Drei Momente	90
Die vagabundierenden Irren	92
Notturno. Dramatisierter Gemütszustand	94
Nachtigallenjagd	96
Es gibt keinen Hund	105
Detonation	106
Entscheidung	107
Der Schürzenjäger und die vier Jahreszeiten	108
Die genaue Zeit	110
Tauglichkeitstest	111
Öffentliche Parkanlagen	113
Toilettenmusik	114
Gleichzeitigkeit von Krieg Wollust	115
Divergierende Parallelität	116
Anhang	
Sexuelle Elektrizität. Dramatische Synthese	119
Lichter	134
Das Ende eines Jünglings	136
Die Verhaftung	139
Das Zimmer des Beamten. Drama der Gegenstände	142
Die kommunizierenden Gefäße	143
Der Soldat in der Ferne. Strategischer Plan der Gefühle	144
Die Parallelen	146
Die Siebenschläfer	148
Runio Clacla	150
Manifeste	
Das Varieté (1913)	153

Das futuristische synthetische Theater (1915)	162
Das futuristische Theater der Überraschung (1921)	170
Zu den Texten	177
Zu den Autoren	187
Zeittafel	195
Ausgewählte Bibliographie	201
Nachwort	205